Spanish Reader for Beginners

Short Stories in Spanish
Spanish to English Translation

The first book of the series of Spanish Readers
Spanish Reader for Beginners, Intermediate and Advanced Students

by

CostaRica Spanish Online

Iris Acevedo A.

founder

http://costaricaspanishonline.com

Spanish Reader for Beginners-Short Stories in Spanish

Spanish Reader for Beginners, Intermediate & Advanced Students, Volume 1

Iris Acevedo A.

Published by Iris Acevedo A., 2019.

2019

Tabla de Contenido

INTRODUCTION
Spanish Reader for Beginners

Spanish Reader for Beginners is the first of more than eight Spanish Readers of the series *Spanish Readers for Beginners, Intermediate and Advanced Students*. This series of short stories in Spanish was created by CostaRica SpanishOnline, the first Online Spanish school in Costa Rica to provide independent learners with live One-On-One immersion Spanish courses via Skype. [1]

This series of short stories in Spanish is focused on seven levels of Spanish: *Beginner, Beginner II, Intermediate, Intermediate II, Intermediate & Advanced, Advanced I, Advanced II,* and *Advanced III.*

Spanish Reader for Beginners targets Spanish Grammar level 1 within unique short stories with an unusual twist: each, written in Spanish spoken in Latin America, including current vocabulary you would like to learn when you begin to study Spanish as a Foreign Language.

Each story, written in the format of short paragraphs, each translated from Spanish to English, allows for instant vocabulary translation, thus presenting the reader a vast range of new vocabulary that is easy to learn.

I guarantee you will not feel overwhelmed by an array of structures included in higher levels of the Spanish language, for the purpose of this book is to keep you entertained as you begin to learn the language.

One thing to keep in mind, though, as you begin to read is that Spanish is "wordy". What in English can be said in two words, we may end up saying in a whole sentence. For the purpose of teaching you the way we speak, I have used a very literal form of translation to provide you with the exact meaning of each thought, although perhaps it won't make sense to you to say it in such a way.

---

1. http://costaricaspanishonline.com/

In addition, I have included a few Grammar Structures of higher levels to provide you with a glimpse of what is yet to come; however, the main focus of this first book is on Grammar Structures used in Beginner Levels: *Regular Verbs in the Present and PastTenses, Reflexive Verbs in the Present and Past Tenses, Direct Object and Indirect Object Pronouns, Prepositions*, as well as a wide range of sentence connectors you will want to begin to use at a beginner level.

I truly hope you find Spanish Reader for Beginners useful as a learning tool. I know I have enjoyed taking on the challenge of making up a story as I take into consideration the elements of Grammar involved at each level of language learning.

*I*ris Acevedo A

Author/Founder

CostaRica SpanishOnline[2]

CONTENTS

VI- *La Entrevista De Trabajo*- The Job Interview

-The Present Subjunctive

- Direct and Indirect Object Pronouns

Los Barrios De Arriba Y Los Barrios De Abajo

[handwritten: O'CLOCK] *[handwritten: hardly]*

Son las cinco en punto de la mañana de un lunes. **Apenas** está un poco claro afuera. Hoy es el primer día de trabajo para **casi** todos los habitantes de los barrios de abajo. En estos barrios al sur de la capital, **hay** casas muy pequeñas con **escasos** jardines. **Inclusive,** hay casas de una sola puerta y una sola ventana; **nada más.**

It is five o'clock on a Monday morning. There is hardly any natural light outside. Today is the first workday for almost all of the inhabitants of poor neighborhoods. In these neighborhoods, to the south of the capital city, there are very small homes with scarce gardens. There are even houses with only one door and only one window; that is all.

Algunos jardines tienen flores de diferentes colores. En otros jardines, **en lugar de** flores, hay una o dos sillas plásticas **para** sentarse a ver la gente **pasar.** Y muchas casas **solamente** tienen un área muy pequeña de cemento **para** estacionar el carro o la moto.

Some gardens have flowers of various colors. In other gardens, instead of flowers, there are on or two plastic chairs for people to sit on and watch people go by. And many homes only have a very small area of concrete to park the car or motorcycle.

Es un área de aproximadamente tres metros cuadrados, pero es **suficiente** para ellos.

It is an area of about three square meters, but it is enough for them.

La madre está en la cocina **desde** *[handwritten: SINCE]* las cuatro de la mañana. Ella **chorrea** el café en un chorreador de café. Este consiste en una bolsa pequeña de manta **colocada** en una estructura de madera.

The mother is in the kitchen since four in the morning. She drips the coffee in a traditional coffee dripper. It consists of a small cotton bag placed on a wood structure.

[handwritten: "a small blanket bag laid out / placed on a wooden structure]

el chorreador de café

Chorrear: to drip as in to drip coffee, or to lay as in to lay a foundation of concrete.

El desayuno es *casi igual* para todos. En las mesas hay pan de panadería; típico en todos los **barrios.** Además, hay una taza de café negro para los adultos, una taza de café con leche para los niños, y un huevo para **cada** miembro de la familia.

Breakfast is almost the same for all. On the tables there is bread from the local bakery, which is typical to have in all neighborhoods. Also, there is a cup of coffee black for the grown ups and a cup of coffee and milk for the children, and an egg for each member of the family.

Todos están **en** la mesa, excepto la madre. Ella **aun** está en la cocina. Ella siempre es la primera persona en **levantarse** por la mañana y la última en **acostarse** por la noche, después de ayudar a los niños con sus tareas escolares; preparar la cena y lavar **los platos.**

Everyone is at the table, except for the mother. She is still in the kitchen. She is always the first person to get up in the morning and the last person to go to bed at night, after she helps the children with their school work, prepares dinner, and washes the dishes.

Levantarse and acostarse: reflexive verbs

También son las cinco de la mañana en los barrios de arriba. En estos barrios hay casas medianas y casas **un poco** más grandes. Los jardines son medianos y grandes; algunos con una terraza amplia **para sentarse** y tomar café.

It is five o'clock in the morning in the rich neighborhoods, too. In these neighborhoods there are medium size homes and homes that are a bit larger. The gardens in these homes are medium size and large; some of them have a wide terrace to sit and drink coffee.

Para: preposition. In order to, with the purpose of.

Sentarse: to sit (down). Reflexive Verb.

En algunos jardines hay plantas exóticas y piedras de los volcanes.

In some gardens there are exotic plants and rocks from volcanoes.

En otros jardines hay árboles frutales y árboles que **dan** flores de hermosos colores.

In other gardens there are fruit trees and trees that give flowers of beautiful colors.

Dar: to give, to produce. (irregular verb)

Todas las casas tienen un garaje o una cochera para guardar uno o dos carros; inclusive tres carros si es necesario.

All houses have a garage or a carport to store one or two cars, even three cars if needed.

Hoy es el primer día de trabajo para los adultos y el primer día de escuela, colegio o universidad para los niños y jóvenes.

Today is the first day business day for the grown ups and the first school day, high school day or university day for children and young adults.

La empleada **siempre** está en la cocina desde las cinco de la mañana.

The housekeeper is always in the kitchen since five in the morning.

El desayuno es **igual** para todos los miembros de la familia: jugo de naranja, cereal, pan integral, jalea, mantequilla baja en calorías, queso crema, huevos fritos o huevos revueltos; fruta picada y café con leche para **todos.**

Breakfast is the same for all members of the family; orange juice, cereal, whole grain bread, jam, butter low in calories, cream cheese, fried eggs or scrammbled eggs, chopped fruits and coffee with milk for everyone.

Ya el papá, la mamá y los hijos están en la mesa **mientras** la empleada está en la cocina lavando los trastes y algunos utensilios de cocina **que** ella utiliza para preparar el desayuno.

The father, the mother and the sons and daughters are already at the table while the housekeeper is in the kitchen washing the dishes and some kitchen utensils that she uses to prepare breakfast.

En los barrios de abajo hay calles en mal estado y muchas paradas de autobuses. Cuando **llueve**, es difícil **transitar** por las calles porque algunas tienen **huecos** muy grandes y por esta razón los conductores **usualmente** manejan muy despacio.

In the poor neighborhoods there are streets in very bad condition and many bus stops. When it rains, it is difficult to drive on the streets because some of them have very large potholes and for this reason drivers usually drive very slowly.

Llover: To rain. (third person conjugation only with o -ue stem change).

Son las siete de la mañana y la gente está en las paradas. Son las siete y media y la gente aun está en las paradas. **A** esta hora hay mucha gente esperando el autobús para ir a la ciudad y **como de costumbre**, el autobús está retrasado.

It is seven in the morning and the people are at the bus stops. It is seven thirty and the people are still at the bus stops. At this hour there are many people waiting for the bus to go to the city, and as usual, the bus is delayed.

La gente está impaciente porque el servicio de transporte público es muy deficiente. Sí, hay suficientes autobuses, pero **los dueños** tratan de **meter** muchos pasajeros **en** los buses para ganar más dinero en cada carrera. *owners.*

The people are impatient because the public transportation service is very defficient. Yes, there are enough buses, but the owners try to put many passangers inside the buses to make more money during each trip to the city.

Esto sucede especialmente **durante** *las horas pico.*

This happens particularly during rush hour.

En los barrios de arriba hay calles en buen estado y hay otras en muy mal estado. Hay pocas paradas de autobuses porque **la mayoría de** los habitantes tienen **su propio** medio de transporte.

In the rich neighborhoods there are streets in good condition and there are other streets in bad condition. There are few bus stops because most of the people who live there have their own means of transportation.

Ya son las siete de la mañana y la mayoría de los jóvenes están **en** la parada esperando el autobús que va a la ciudad.

It is already seven in the morning and most of the young people are at the bus stop waiting for the bus that goes to the city.

Ahora son las siete y media y el autobús de la universidad llega puntual para **recoger** a todos los jóvenes. Ellos están contentos porque el bus no está retrasado.

It is now seven thirty and the bus that goes directly to the university arrives on time to pick up the young ones. They are happy because the bus is not delayed.

Hoy es lunes. Hoy es un día de mucho movimiento y hay mucho tráfico en los barrios al igual que en la ciudad. Mucha gente está feliz porque los lunes son buenos para la gente que tiene trabajo.

Today is Monday. Today is a day of a lot of movement and there is a lot of traffic in the neighborhoods as well as in the city. Many people are happy because Mondays are good for the people that have a job.

Los lunes son días buenos para las personas que están desempleadas porque **ya que** ellos tienen una nueva oportunidad para buscar un trabajo.

Mondays are good days for those who are unemployed because they have a new opportunity to look for a job.

Hay mucha gente desempleada en los barrios bajos.

There are many unemployed people in the poor neighborhoods.

Hay gente que tiene trabajo, **sin embargo**, el salario es **bastante** bajo.

There are people that have jobs; however, the salary is rather low.

Hay otra gente que tiene trabajo con un salario un poco más razonable, pero nunca es suficiente para cubrir todos los **gastos** de una familia.

There are other people that have jobs with a salary that is a little more reasonable, but it is never enough to cover all the expenses of one family.

Otras personas **se ganan la vida** como trabajadores independientes: jardineros, mecánicos automotrices, vendedores ambulantes, electricistas, fontaneros y vendedores de lotería.

Other people make a living as independent contractors; gardners, mechanics, street vendors, electricians, plumbers, and lottery tickets sales people.

Ganarse la vida: To earn oneself a living. (reflexive verb)

En general, la gente **que** tiene trabajo es afortunada porque hay muchas personas **que** no tienen ingresos mensuales de ningún tipo.

In general, people that have a job are fortunate because there are many people that do not have monthly income of any type.

Gente: people (in Spanish it is a singular noun)

Los habitantes de los barrios pobres tienen trabajos **diversos**: cocineros, meseros, taxistas, jardineros, ebanistas, mecánicos, empleadas domésticas, empleadas de tiendas, vendedores, conductores de autobuses, y otros trabajos que son muy necesarios para la sociedad.

The inhabitants of the poor neighborhoods have various types of jobs: cooks, waiters and waitresses, taxi drivers, gardners, carpenters, mechanics, housekeepers, store clerks, sales people, bus drivers, and other jobs that are necessary for society.

En los barrios **más** afluentes hay abogados, médicos, contadores, dueños de negocios, dentistas, al igual que otros profesionales.

In the more affluent neighborhoods there are lawyers, doctors, accountants, shop owners, and dentists as well as other professionals.

Más: more (with a written accent)
Mas: but (without a written accent)

Ellos también son necesarios para la sociedad. **En fin**, todas las personas son necesarias de una manera u otra.

They are also necessary in society. After all, all people are necessary one way or another.

Sin embargo, todas las personas tienen una cosa en común: todos tienen hijos, todos son necesarios para subsistir en sociedad y todos tienen una nueva oportunidad los lunes.

However, all people have one thing in common; they all have children, they are all necessary to survive in society, and they all have a new opportunity on Mondays.

Tener algo en común: To have something in common.

Es difícil levantarse un lunes, sin embargo, todos se levantan temprano en los barrios de abajo al igual que lo hacen en los barrios de arriba.

It is difficult to get up on a Monday; however, everyone gets up early in poor neighborhoods as well as those in rich neighborhoods.

Un nuevo día **trae** un nuevo amanecer y cada nuevo amanecer trae una nueva oportunidad para **encontrar** trabajo, **buscar** otro trabajo, iniciar los estudios y comenzar una vida nueva.

A new day brings a new sunrise and each new sunrise brings a new opportunity to find a job, to look for a different job, to begin studying, and to begin a new life.

La Familia García Va A La Playa
The Garcia's Go To The Beach

Hoy es viernes y la familia García está empacando todas las cosas que ellos necesitan para ir a la playa.

Today is Friday and the Garcia's are packing up all the things they need to go to the beach.

La señora García y el señor García preparan el equipaje mientras los niños corren por toda la casa; de un lado a otro y de arriba a abajo.

Mrs. Garcia and Mr. Garcia prepare the luggage while the children run around the whole house; from one side to the other, and up and down.

Los niños corren **apresuradamente** porque ellos **están ilusionados por** el paseo a la playa.

The children run rapidly because they are all excited about the trip to the beach.

- ¡Ya!... ¡No corran!... ¡Van a **botar** algo!... ¡No vamos a ir **a ningún lado**! -dice la madre.

-Ok now!!!...Don't run!!!...You're going to knock something over!!!...We are not going to go anywhere !!!-, the mother says.

La señora García toma las cosas **de** la refrigeradora y **las** coloca en cajas grandes de cartón. El señor García está revisando el carro; **primero**, él revisa las luces, **luego** él revisa los frenos, y **por último** él revisa la batería del carro.

Mrs. Garcia takes the things out of the fridge and she places them in large cardboard boxes. Mr. Garcia is checking the car. Firstly, he checks the lights, then he checks the brakes, and lastly he checks the car battery.

Las: Direct Object Pronoun Feminine Plural.

-Nosotros solamente tenemos que **pasar a** la bomba para **llenar** el tanque y revisar la presión de las llantas-, le dice el señor García a su esposa.

We only have to make a stop at the gas station to fill up the tank and check the pressure of the tires-, he says to his wife.

La madre revisa **el equipaje** de sus cuatro niños y **luego** ella prepara un **maletín** adicional para cada uno.   [MOCHILA]

The mother checks the luggage of her four children, then she prepares an additional backpack for each one.   [MOCHILA]

En cada maletín hay: pasta de dientes, un cepillo de dientes, un bloqueador solar, una barra de jabón, una botella de crema para el cuerpo, dos vestidos de baño para la niña y pantalonetas para los niños.   [MOCHILA]

Inside each backpack there is: toothpaste, a toothbrush, a bottle of sunscreen, a bar of soap, a bottle of body lotion, two swimming suits for the girl, and swimming shorts for the boys.

Además, ella **guarda** cuatro pijamas y ropa ligera para el día, **pues** los niños ensucian mucha ropa y es necesario tener bastante ropa para ellos.

Moreover, she puts away four pajamas and light clothes for the daytime because children get a lot of clothes dirty and it is necessary to have enough clothes for them.   [make dirty]

Guardar: to put away, to lock away, to safekeep, to store.

Luego, ella prepara un maletín para ella y uno para su esposo. **Adentro** de cada maletín ella guarda un paño grande para cada niño y uno para ella y su esposo.   [INSIDE] [TOWEL]

Then she prepares a backpack for herself and one for her husband. Inside each backpack she puts away a large towel for each child, one for her, and one for her husband.

Seguidamente, ella lleva todos los maletines a la sala y los **pone** a la par de la puerta, junto a las cajas que tienen comida.

Immediately after packing, she takes all the bags to the living room and she puts them beside the door; next to the boxes with food inside.

Poner: to place, to put, to set. (irregular verb)

-Yo voy a poner todo a la par de la puerta-, le dice ella al padre.

[beside the door]

*-I am going to put everything next to the door-, she says to the
father.*

-¿Ya estamos listos?-, pregunta el padre.

-Are we ready now?-, he asks. to he

-Sí, ya yo tengo todo **listo** para ponerlo en el carro-, responde ella.

*-Yes, I already have everything ready to be put inside the ca-, she
replies.*

El padre coloca las cajas con la comida en la parte de atrás del carro.
Hay un compartimento para equipaje **debajo de** los asientos de atrás.

*The father places the boxes with food on the back part of the car.
There is a compartment for luggage underneath the back seats.*

En los asientos **de atrás** hay espacio para tres niños, y hay tres asientos
más en el medio. Estos asientos son amplios y hay espacio para tres niños
o dos adultos. Aquí todos viajan **cómodamente.**

*In the back seats there is room for three children and there are three
more seats in the middle. These seats are wide and there is space for
three children or two grown ups. Here, everyone travels comfortably.*

Casi siempre los tres niños se sientan juntos en los asientos del medio
donde ellos pueden compartir comida y jugar. Los niños escogen los
juguetes que ellos quieren llevar a la playa para jugar allá.

*Almost always the children sit together on the middle seats where
they can share food and play. The children choose the toys that they
want to take to the beach to play there.*

Los señores García tienen 4 niños: El mayor tiene 7 años y se llama
Pedro. Luego, Mariana con cinco años. Después, está Martín con 3 años
y luego está la bebé. La bebé se llama Luz y ella tiene solamente nueve
meses.

*Mr. And Mrs. Garcia have four children; the oldest one is seven and
his name is Pedro. Then, Mariana is five. Then, there is Martin who is
three years old, and then the baby. The baby's name is Luz and she is
only nine months old.*

"Put yourselves"

- ¡Chicos!... ¡Métanse al carro!... ¡Ya nos vamos! -, grita la madre, mirando la parte superior de las escaleras.

-Kids, get in the car!...We're leaving now!-, screams the mother as she looks at the top of the stairs.

IN A HURRY

Ya es hora de irse. Los niños bajan las escaleras de prisa y compiten para montarse al carro primero mientras los adultos revisan y cierran bien la casa.

It is already time to go. The children come down the stairs in a hurry and they compete to be the first one to get in the car while the grown ups check and lock the house.

Cerrar bien: to lock , to close up

then

Los padres **cierran** las ventanas. Luego, ellos **desconectan** todos los electrodomésticos y **cierran** todas las cortinas antes de salir de la casa. Luego, ellos **revisan** todas las puertas y **encienden** algunas luces; principalmente, la luz de la terraza.

The parents shut the windows and then they unplug all the electrical appliances, and they close the curtains before they leave the house. Then, they check all the doors and they turn on a few lights; mainly the light in the terrace.

Cerrar: to close, to shut. (e-ie stem change verb)

Encender: to turn on. (e-ie stem change verb)

El padre arranca el carro y los niños **gritan** de felicidad, pues ya van de paseo.

The father starts the car and the children shout happily for they are already going on a trip.

-¿Viste Lucía?, ya **nosotros nos vamos**-, le dice Martín a la bebé.

-You see, Lucia? We are leaving-, says Martin to the baby.

Irse: to leave. (Reflexive verb)

AWAKE   smiles

La bebé está despierta y ella **sonríe** cuando Martín habla, pues Martín siempre **bromea** con ella y ella comprende todo lo que él **dice**.

↓
makes
fun

The baby is awake and she smiles when Martin talks because Martin always makes fun so she can laugh and she understands everything he says.

Decir: to say, to tell. (Irregular verb)

Inmediatamente, la madre **se monta** al carro y le recuerda a Martín que ya es hora de sentarse bien y abrocharse el cinturón.

Right away, the mother gets in the car and she reminds Martin that it is time to sit appropiately and buckle his seatbelt.

Montarse: to get in, to get on.

Todos están muy emocionados porque ya ellos **se van** para la playa, aunque el camino es largo para los niños.

They are all very excited because they are already leaving to the beach, although it is a long way for the children.

Irse: to leave, to leave for. (reflexive verb)

-Mami... ¿nosotros **podemos** parar para comprar algo de tomar? -, pregunta Mariana.

-Mom...can we stop to get something to drink?-, asks Mariana.

- ¿**No importa si** paramos en el supermercado? -, le pregunta la madre al padre.

-Do you mind if we stop at the supermarket?-, the mother asks the father.

Si: if (without a written accent)

Sí: yes (with a written accent)

-Sí, podemos parar; ¿qué vas a comprar? -, pregunta él **por curiosidad.**

-Yes, we can stop. What are you going to buy?-, he asks out of curiosity.

- ¿**Qué te parece** unas papas tostadas y unos jugos? -, pregunta la señora García.

-How about some potato chips and a few cartons of juice?-, asks Mrs. Garcia.

-Sí...**me parece** buena idea-, le responde el padre a la madre.

-Yes, that seems to me like a good idea-, the father replies to the mother.

-Sí Mariana, nosotros vamos a comprar algunas cosas-, responde la señora García a su hija.

-Yes, Mariana. We are going to buy a few things-, the mother replies to her daughter.

La familia toma la ruta hacia la playa. Son cuatro horas de camino.

The family takes the route in direction to the beach. The trip is four hours long.

Ellos van a ir a Playa Potrero. Playa Potrero es una playa bastante pequeña que **queda** en Guanacaste, en las costas del Pacífico Norte.

They are going to go to Playa Potrero. Potrero Beach (Meadow Beach) is a rather small beach that is located in Guanacaste, on the coasts of the North Pacific.

Quedar: to be located

Quedarse: to stay (**reflexive verb**)

Es una playa de arena blanca y hay muchas conchas de playa. Hay dos hoteles y varias cabinas; **por ahora.** La familia García tiene una cabina para seis personas en Playa Potrero.

It is a white sand beach and there are many seashells. There are two hotels and several cabins; for now. The Garcia's have a cabin for six people at Potrero Beach.

En la época lluviosa, ellos **se quedan** en la cabina dos fines de semana al mes porque no hay gente en la playa cuando hay lluvia. En la época seca, ellos solamente **se quedan** ahí **una vez** al mes, y los otros fines de semana ellos les alquilan la casa a otras familias.

During the rainy season, they stay at the cabin two weekends out of the month because there are hardly any people at the beach when there is rain. During the dry season, they only stay there once a month, and the other weekends they rent out the cabin to other families.

La bebé comienza a llorar y Mariana la calma diciéndole: -Ya Lucía; ya vamos a llegar-

*The baby begins to cry and Mariana calms her down by saying to
her:-All right now...we are almost there.*

Le: Indirect Object Pronoun. Second and third person singular.

El padre se concentra en manejar y la madre **le** recuerda a él que ellos
tienen que parar en un supermercado para comprar algunos jugos y papas
tostadas para el resto del camino.

*The father focuses on driving and the mother reminds him that
they need to stop at a supermarket to get some juice and potatoe chips
for the rest of the trip.*

Los niños **se aburren** cuando ellos hacen un viaje largo, pero si ellos
comen algunas cosas durante el camino ellos **se entretienen** y no **caen**
en la desesperación como todos los niños pequeños cuando el trayecto es
largo.

*The children get bored when they make a long trip, but if they eat
some things during the trip they entertain themselves and they do not
fall in dispair like all small children when the way is long.*

Aburrirse: to get bored. Reflexive verb

Entretenerse: To entertain oneself. Reflexive verb

Caer: to fall. Irregular verb.

El padre **para** en el supermercado que está **a la derecha** del camino,
en el kilómetro cuatro, y los niños **se bajan** del carro para estirar las
piernas.

*The father stops at the supermarket that is on the right hand side of
the road, on kilometer 4, and the children get out of the car to stretch
their legs.*

Bajarse: To get down from, to get out of something higher than
ground level. (Reflexive verb)

La bebita está muy pequeña **todavía,** y por esa razón ella **se queda** en
el carro con **su** padre.

*The baby girl is **still** very small, and for this reason she **stays** in the
car with **her** father.*

una sonrisa.

-Don't buy chocolates nor cookies-, asserts the father with a smile.

La madre y los niños entran al supermercado para comprar varios jugos fríos y dos bolsas de papas tostadas. El cajero empaca todo en dos bolsas de papel. La madre **les** pregunta a los niños si ellos necesitan ir al baño, pero los niños **le** dicen que no es necesario.

The mother and the children walk into the supermarket to buy a few cold juice bottles and two bags of potatoe chips. The cashier packs everything in two paper bags. The mother asks the children if they need to go to the bathroom, but the children say to her that it is not necessary.

La madre y los niños **regresan** al carro. El padre **arranca** el carro y **revisa** los espejos retrovisores. Todo está bien, **así que** ellos continúan su camino.

The mother and the children return to the car. The father starts the car and checks the rear view and side mirrors. Everything is fine so they continue on their way.

Los niños viajan felices mientras ellos miran el bello paisaje por la ventana y Pedro, el **mayor** de todos, va en el carro comentando acerca del paisaje que él observa mientras sus padres hablan acerca del resto del viaje.

The children ride happily while they look at the wonderfull landscape through the window and Pedro, the oldest of them, is riding in the car making comments about the landscape that he is observing while his parents talk about the rest of the trip.

Ya faltan solamente dos horas de viaje.

It is **already** two hours of the trip **left**.

Faltar: to be left, still to go...

-¡Vean todas esas vacas!-, comenta Pedro.

-Take a look at all those cows!-, says Pedro.

-¡Yo quiero una!-, **grita** Martín, el niño de tres años.

-I want one!-, Martin, the three year old boy shouts out.

Mariana y Martín están cansados y comentan que ya quieren estar en la playa. La madre los consuela diciendo que **ya están por llegar.**

Mariana and Martin are tired and they comment that they now want to be at the beach. The mother consoles them by saying that they are about to get there.

Estar por: To be about to.

Ya son las diez de la mañana y el sol está calentando el carro.

It is already ten in the morning and the sun is heating up the car.

En eso, el padre baja la velocidad del carro gradualmente porque hay una presa de automóviles de **casi** un kilómetro de largo.

Suddenly, the father decreases the speed of the car gradually because there is a traffic jam of about one kilometer long.

Los carros no están **moviendose** por alguna razón.

The cars are not moving along for some reason.

Moverse: reflexive verb.

De pronto, aparece un oficial de tránsito y **les** menciona a ellos que hay un accidente a doscientos metros, **por lo tanto,** todos los carros necesitan desviarse por una ruta alterna.

All of the sudden, a traffic officer appears and he mentions to them that there is an accident two hundred meters ahead; therefore, all cars need to deviate through an alternate route.

-Ustedes necesitan ir por el camino de la izquierda por **más o menos** diez kilómetros-, dice el oficial.

-You need to take the road on the left for about ten kilometers-, says the traffic officer.

- ¿**Qué pasó** oficial? -, pregunta el señor García.

-What happened officer?-, Mr. Garcia asks.

-Hay un choque **entre** un camión repartidor y una vagoneta-, responde el oficial.

-There is a crash between a delivery truck and a gravel truck-, the traffic officer replies.

-Gracias oficial-, dice el padre.

-Thank you, officer-, says the father.

-Con gusto señor; ¡Buen viaje! -, **les** dice el oficial con una sonrisa.

-You're welcome, sir; Have a good trip!-, the officer says to them with a smile.

Afortunadamente, ellos tienen un *cuatro por cuatro* y ellos pueden viajar a alta velocidad en el camino alterno que va a la playa, **pues** está en muy malas condiciones.

Fortunately, they have a four by four and they can travel at high speed on the alternate road that goes to the beach since it is in very bad condition.

Pues: since, because, due to.

-¡Qué camino!-, comenta el padre-. ¡**Por dicha** nosotros tenemos un carro cuatro por cuatro!.

-What a road!-, the father comments-. Luckily we have a four by four!

Después de una hora de camino, el padre anuncia a su familia que solamente **falta** un kilómetro para llegar a la playa, sin embargo, los niños no responden porque todos **ya** están **dormidos** debido al calor que entra por la ventana del conductor.

After one hour on the road, the father announces to his family that there is only one kilometer to go to get to the beach; however, the children do not respond because all of them are already asleep due to the heat that comes in through the window on the driver's side.

Pasan dos minutos y la madre despierta a los niños porque **ya casi** llegan a la playa y ellos están **pasando por** un lugar donde hay una preciosa vista al mar.

Two minutes go by and the mother wakes up the children because they are almost, almost at the beach and they are driving by a place where there is a beautiful view to the ocean.

-¡Miren, ya llegamos!-, dice Martín cuando abre los ojos y él ve el mar.

-Look, we are here!-, says Martin when he opens his eyes and he sees the sea.

-¡Ya casi!-, exclama la madre.

-Almost, almost!-, the mother says enthusiastically.

A lo lejos, ellos pueden ver las islas pequeñas en el centro del agua y las olas del mar rompiendo en la arena. A pocos metros **se ven** los techos rojos y verdes de algunas cabinas y los dos hoteles que están en la playa.

In the distance, they can see the small islands in the middle of the water and the waves of the sea breaking on the sand. A few meters away red and green roof tops of some cabins and two hotels are seen.

Ahora sí ellos pueden ver la cabina. Ellos pueden distinguir la cabina **por** los diferentes colores de enredaderas *veraneras*: rojas, moradas, lila, blancas y anaranjadas, que **cuelgan** de la cerca viva que rodea la propiedad.

Now finally the can see the cabin. They can distinguish the cabin by the different colors of creepers, particularly bougainvillea; red, purple, lavander, while and orange, that hang from the live fence that surrounds the property.

Colgar: to hang. (stem change: o-ue)

Ya llegan a la playa y el papá pone la doble tracción **para** poder cruzar los veinte metros de ancho que tiene el estero. Él siempre trata de llegar cuando la marea está baja porque si no, es imposible pasar el estero.

Just now they arrive to the beach and the father engages the four wheel drive so they can cross the twenty meter width stretch of estuary. He always tries to arrive when the tide is low because if not, it is impossible to cross the estuary.

Apenas terminan de cruzar el estero, los niños **sacan** la cabeza por la ventana para ver la cabina que está **justo** en la playa. El padre acelera el carro y *sube* unos metros por la arena suave **hasta** que llegan a la entrada de la cabina.

As soon as they finish crossing the estuary, the children stick their head out the window to see the cabin that is right on the beach. The father steps on the gas and he drives up a few meters on the soft sand until they arrive to the driveway of the cabin.

Sacar: to take out, to withdraw, to stick...out.

-Bueno...ya pueden **bajarse** todos-, dice el señor García, **contento** de finalmente llegar a su destino y poder disfrutar de unas mercidas vacaciones luego de un exhaustivo año de trabajo.

-All right...now you can all get out of the car-, says Mr. García, glad to finally arrive to his destination and to be able to enjoy some well deserved vacations after an exhaustive work year.

Los niños están felices y **se tiran** del carro.

The children are happy and they jump out of the car.

Tirarse: to jump out of, to jump off...(reflexive verb)

-¡Yo quiero ir a la playa!-, dice Pedro.

-I want to go to the beach!-, says Pedro.

-¡Yo quiero ponerme la pantaloneta!-, dice Martín.

-I want to put on my swim shorts!-, says Martin.

Ponerse: to put on. (reflexive verb)

-¡Y yo voy para la piscina!-, grita Mariana.

-And I am going to the pool!-, Mariana shouts.

Todos **se bajan** del carro rápidamente, y la madre camina hacia la casa para abrir las puertas y las ventanas para ventilar la casa.

They all get down from the car quickly and the mother walks toward the house to open the doors and windows to air the house.

Bajarse: to come down, to climb down…(reflexive verb)

Los niños ayudan a su padre a bajar todas las cosas del carro **al mismo tiempo** que el padre toma la bebé en sus brazos para llevarla adentro.

The children help their dad to take down all the things from the car as the father takes the baby in his arms to take her inside.

-¿**Aun** está dormida?-, pregunta la madre.

-Is she still asleep?-, asks the mother.

-Sí…yo creo que ella tiene mucho calor-, comenta el padre.

-Yes, I think she is hot-, the father comments.

Tener calor: To be hot as in body temperature due to hot weather.

Todos entran a la casa *de prisa* y luego ellos **salen** para traer las cosas del carro. Los niños **se ponen** sus vestidos de baño y **se preparan** para ir a la playa, mientras la mamá baña la bebé y **le** pone su vestido de baño **a ella.**

They all go in the house quickly, and then they go out to bring the things from the car. The children put on their bathing suits and they get ready to go to the beach while the mother bathes the baby girl and puts the bathing suit on her.

Salir: to go out. Irregular verb.

Ponerse: to put on. Reflexive verb.

Prepararse: to get ready. Reflexive verb.

La mañana está preciosa y el mar está quieto. Los niños **corren** hacia la playa y entran en el agua.

The morning is beautifl and the sea is calm. The children run toward the beach and they go in in the water.

El padre y la madre **se sientan** en la arena con la bebita mientras los niños **se bañan** en el mar.

The father and the mother sit down on the sand with the baby while the children bathe in the sea.

Sentarse: to sit down. Reflexive verb.

Bañarse: to bathe, to swim, to take a shower, to enjoy the water. Reflexive verb.

Hay **pocas** olas y **poco** viento. El agua está calmada y **hace mucho sol.**

There are very few waves and a little wind. The water is calm and it is very sunny.

La madre **llama** a los niños para poner**les** bloqueador solar porque ya son las once de la mañana y los rayos del sol están muy fuertes.

The mother gives a shout out to the kids so she can put sunblock on them because it is already eleven in the morning and the sun rays are very strong.

Llamar: to call on the phone, to give a shout out.

Llamarse: to call oneself (my name is...) (Reflexive verb)

Hay otras tres personas en la playa. Ellos son los vecinos de la familia García.

There are three people on the beach. They are the neighbors of the Garcia's.

La pareja y su hijo pequeño **saludan** con la mano desde la lejanía y caminan en dirección a la familia. Cuando ellos llegan, ellos **se saludan** con mucho cariño y ellos conversan un poco mientras los niños **juegan** en la arena con palas de plástico; **haciendo** castillos y animales con arena y un poco de agua.

The couple and their small son greet with their hand from the distance and they walk in direction to the family. When they arrive they greet each other affectionately and they talk a little while the children play in the sand with plastic shovels, making castles and animals with sand and a little bit of water.

Saludar: to greet

Saludarse: to greet each other. A reciprocal verb.

Jugar: to play. (irregular verb)

Hacer: to do, to make. (irregular verb)

Hoy es el primer día de vacaciones y **las dos** familias planean estar en la playa por diez u once días más. Afortunadamente, las dos familias son muy amigas y los niños **se llevan** muy **bien**.

Today is the first day of vacation and both families plan to be at the beach for ten or eleven more days. Fortunately, both families are very good friends and the children get along very well.

Llevarse bien: to get along well. (Reciprocal verb)

¡Este es **el principio** de una vacación inolvidable!

This is the beginning of an unforgettable vacation!

Un Hombre Y Una Mujer Muy Ocupados
A Very Busy Man and A Very Busy Woman

Matías Ugalde es un hombre de cuarenta años. Él es **socio** de un bufete de abogados en el centro de San José y por estar en la cima de su **carrera** profesional es un hombre demasiado ocupado.

Matias Ugalde is a forty year old man. He is partner in a law firm in the center of San José, and because he is at the summit of his professional career he is a very busy man.

Él está casado con su esposa Melinda. Melinda **también** es **abogada** y ella trabaja para el bufete de su padre; un distinguido abogado con muchos años de experiencia. *Ambos*, Melinda y Martín son profesionales y ellos trabajan muchas horas; **por lo menos** seis días a la semana.

He is married to his wife Melinda. Melinda also is a lawyer and she works for her father's law firm; a distinguished lawyer with many years experience. Both Melinda and Martin are professionals and they work many hours; al least six days a week.

En la mañana, Martín **se despierta** a las cinco; **se baña**, **se viste** y **se prepara** el desayuno. Después de desayunar, él **se lava** los dientes, toma su teléfono y el maletín y **se va** para el trabajo.

In the morning, Martin wakes up at five. He takes a shower, he gets dressed and he prepares breakfast for himself. After he has breakfast he brushes his teeth, he takes his phone and his briefcase and he leaves for work.

Despertarse: to wake up. (Reflexive verb)(stem change: e-ie)

Bañarse: to take a shower, to bathe. (Reflexive verb)

Vestirse: to get dressed. (Reflexive verb)(stem change: e-i)

Prepararse:to prepare yourself, to make yourself something to eat...(Reflexive verb)

Irse: to leave. (Reflexive verb)(Irregular verb)

Martín es un hombre muy ocupado. Por ejemplo, **anoche** él trabajó **hasta** las ocho en su oficina y él **apenas logró** dormir cinco horas, pensando en todo el trabajo que él tenía que hacer al día siguiente.

Martin is a very busy man. For example, **last night** he worked **until** eight in his office and he **hardly managed to** sleep for five hours, thinking about all the work that he had to do the following day.

Lograr: to manage to, to achieve...

Hace apenas una semana, Martín viajó a Canadá el lunes y el miércoles en la tarde él **regresó** a San José. Él **se quedó** en San José **hasta** el jueves, y el viernes por la mañana él viajó a Panamá **para** firmar unos contratos con un cliente muy importante de su bufete de abogados.

Just a week ago, Martin traveled to Canada on Monday and on Wednesday afternoon he returned to San Jose. He stayed in San Jose until Thursday and on Friday morning he traveled to Panama to sign some contracts with a very important client of his law firm.

Martín tiene un **horario** muy ocupado. Por ejemplo, ayer él **llegó** a su oficina a las siete de la mañana y a las ocho, él **se reunió** con su primer cliente. La reunión **duró** hasta las diez de la mañana.

Martin has a very busy schedule. For example, yesterday he arrived to his office at seven in the morning and at eight he met with his first client. The meeting lasted until ten in the morning.

Reunirse: to have a meeting with, to get together for a meeting. (Reflexive verb)

A las diez y **cuarto**, él tuvo otra reunión con otro cliente y la reunión **terminó** al mediodía.

At a quarter past ten he had another meeting with another client and the meeting ended at noon.

Al terminar la reunión, Martin **salió** de la oficina y él **fue** a **almorzar** con dos clientes **en** un restaurante que queda a cinco cuadras **de** su oficina. **Una vez que** ellos terminaron de **almorzar** ahí, Martín **se fue** directo a la oficina y él se reunió con clientes toda la tarde.

Once the meeting ended, Martin left the office and he went to have lunch with two clients at a restaurant that is located five blocks away from his office. Once they finished having lunch there, Martin went straight to the office and he met with clients all afternoon.

Almorzar: to have lunch. (Stem change verb: **o**-ue)

Ir: to go. (Irregular verb)

Irse: to leave (Reflexive/Irregular)

A las seis de la tarde, él **comenzó** a llamar a otros clientes para programar todas las **citas** para el día **siguiente**.

At six in the afternoon, he began to call other clients to schedule all appointments for the following day.

Comenzar: to begin, to start. (Stem change verb: **e**-ie)

Como a las siete de la noche, él fue a **cenar** con otro cliente; un cliente **clave** para su oficina. Dos horas **más tarde**, él regresó a su oficina para revisar y firmar unos documentos pendientes que él **olvidó** firmar en la tarde.

At about seven in the evening he went to dine with another client, key for his business. Two hours later he returned to his office to review and to sign some pending documents that he forgot to sign in the afternoon.

-Melinda... perdóname...yo **voy** tarde...**ya yo llego**-, **le** dijo Martín a su esposa cuando él **la** llamó por teléfono.

-Melinda...forgive me...I am going late...I am almost there-, said Martin to his wife when he called her on the phone.

-Ahora **nos vemos**...**no te preocupes**... ¿tú ya **cenaste**? -, **le** preguntó ella **a él**.

-We will see each other soon...don't worry...did you have dinner already?-, she asked him.

Verse: to see yourself, to see each other. (Reflexive verb and reciprocal verb).

Sí, gracias...**ya casi** llego...voy **por** el Automercado-, contestó él.

*Yes, thanks...I am almost there now...I am driving past the
Automercado-, he answered.*

Cuando Martín **llegó a su casa**, ya su esposa estaba en cama mirando
la televisión **ya que** Melinda **también tuvo** un día muy ocupado y ella
estaba cansada.

*When Martin arrived home his wife was already in bed watching
television since Melinda, too, had a very busy day and she was tired.*

Ella le contó a él que la mañana fue de locos. **Como** ella también es
abogada, casi todas las semanas ell tiene que ir a la corte para defender
clientes del bufete de su padre.

*She told him that this morning was crazy. Since she is a lawyer too,
almost every week she has to go to the courthouse to defend clients from
her father's law firm.*

En las mañanas ella lleva los clientes a la corte y luego ella los trae
a la oficina para hablar acerca del caso y dar**les a ellos** algunas
recomendaciones para el día siguiente.

*In the mornings she takes the clients to the courthouse, then she
brings them to the office to talk about the case and to give them some
recommendations for the following day.*

Esta mañana ella **se levantó** a las cinco, **igual que** Martín; ella **se
metió** al baño para **bañarse** y **arreglarse**. Después, ella **bajó** a la cocina y
ella **se preparó** un poco de jugo de naranja fresco, tostadas y una taza de
café con leche.

*This morning she got up at five; the same as Martin. She went
into the bathroom to take a shower and to get ready. Then, she went
downstairs to the kitchen and she prepared herself some fresh orange
juice, toast, and a cup of coffee with milk.*

Luego, ella **se fue** para el bufete y ella **estuvo metida** en una presa de
carros por **casi** veinte minutos.

*Then she left for the law firm and she was stuck in a traffic jam for
almost twenty minutes.*

En cuanto ella llegó a la oficina ella **encontró** muchos documentos para firmar que su asistente le **dejó** a ella en su escritorio **apenas** la asistente llegó; **a primera hora**. *As soon as she arrived in her office she found many documents to sign that her assistant left for her on her desk as soon as the assistant arrived, first thing in the morning.*

Como de costumbre, su asistente Daniela llegó a la oficina **a las** seis de la mañana.

As always, her assistant Daniela arrived in the office at six in the morning.

Esa mañana, la primera audiencia pública de Melinda **fue** a las nueve de la mañana, y apenas la audiencia terminó, ella **fue** a **almorzar** con dos abogados a un restaurante de comida rápida.

On that morning, the first public hearing of Melinda was at nine in the morning, and as soon as the hearing ended, she went to have lunch with two lawyers at a fast food restaurant.

Ser (to be) and **Ir** (to go) share the same past tense conjugation. Irregular Verbs.

Ser   **Ir**

Ser	Ir
Yo fui	**Yo fui**
Tú fuiste	**Tú fuiste**
Usted fue	**Usted fue**
Él fue	**Él fue**
Ella fue	**Ella fue**
Nosotros fuimos	**Nosotros fuimos**
Ustedes fueron	**Ustedes fueron**
Ellos fueron	**Ellos fueron**
Ellas fueron	**Ellas fueron**

Una vez que terminaron de almorzar, Melinda **se montó** al carro; luego, ella **fue** a visitar a un cliente a su oficina.

Once they finished having lunch, Melinda got in the car, then she went to visit a client in his office.

Ella habló con su cliente y él firmó dos escrituras: **una de ellas** por la compra de una casa de dos pisos, y **la otra** por la compra de un carro modelo 2018.

She spoke with her client and he signed two deeds: one of them for the purchase of a two story house, and the other one for the purchase of a car of the year 2018.

Después, ella **se fue** para la corte y ella **estuvo** en la corte hasta las cuatro de la tarde. Cuando ella **salió** de la corte, ella **se dirigió** a la oficina y ella llamó a su asistente.

Afterwards, she left for the courthouse and she was at the court until four in the afternoon. When she left the courthouse she headed to the office and she called her assistant.

Irse: to leave. (Reflexive verb)
Estar: to be somewhere. (Irregular verb)
Salir: to leave, to go out. (Irregular verb)
Dirigirse: to head in a certain direction. (reflexive verb)

Ella le preguntó a su asistente si **había** llamadas y su asistente le **dio** a ella todos los detalles de las llamadas. Ya **eran** las ocho de la noche cuando Melinda regresó a su casa y ella decidió bañarse y luego comer algo.

She asked her assistant if there were any calls and her assistant gave her all the details about the calls. It was already eight at night when Melinda returned home and she decided to take a shower and then to eat something.

Haber: (hay:There is, hay: there are, hubo, había:there was, hubo, había:there were. (Irregular verb). Only three conjugations are acceptable: **hay** (Present Tense), **hubo** (Past Tense), and **había** (Past Imperfect Tense).

Luego, ella **se metió** a la cama para ver televisión y esperar a Martín.
Then, she got in bed to watch television and wait for Martin.
Meterse: to get in. (Reflexive verb)

Cuando Martín llegó, ellos hablaron un poco y ellos **se durmieron** antes de la medianoche.
When Martin arrived, they talked a bit and they fell asleep before midnight.
Dormirse: to fall asleep. (Reflexive verb with a **o-ue** stem-change)

A la mañana siguiente, cuando ellos **se despertaron,** Martín le **dijo** a ella que él quería almorzar con ella porque **hacía mucho tiempo** que ellos no almorzaban juntos.
The following morning when they woke up, Martin said to her that he wanted to have lunch with her because it had been a while since they had lunch together.
Despertarse: to wake up. (Reflexive verb with stem change e.ie).
Decir: to say. (Irregular verb).

A Melinda **le gustó** la idea de almorzar juntos y **los dos acordaron** verse en lugar muy bonito; un restaurante que queda muy **cerca** del bufete de Melinda.
Melinda liked the idea of having lunch together and both of them agreed to see each other at a very nice place; a restaurant that is located very near Melinda's law firm.
Gustar: to like. (Belongs to a category of verbs called Special Verbs)

Una vez más, Martín realizó su rutina diaria: él se bañó, se rasuró, se lavó los dientes, se vistió, desayuno y se fue para el trabajo.
Once again, Martin finished his daily routine: he took a shower, shaved, brushed his teeth, got dressed, and had breakfast, he left for work.

Rasurarse: to shave. (Reflexive verb)

Vestirse: to get dressed. (Reflexive verb with stem change *e-i*)

Apenas Martín llegó a la oficina, él **tomó** el ascensor **hasta** el noveno piso y él **abrió** la puerta de la oficina. Cuando él entró, él **encontró** a todos los socios reunidos en la sala de conferencias.

As soon as Martin arrived in the office, he took the elevator all the way to the ninth floor and he opened the door to the office. When he walked in, he found all the partners gathered in the conference room.

Tomar: to take, to drink.

Abrir: to open

Encontrar: to find. (Stem change *o-ue*)

Uno de los socios le hizo un gesto con la mano para invitar**lo** a entrar. A Martín le extrañó ver a todos ellos reunidos a esa hora, pero él entró a la sala y se sentó en uno de los sillones. Otro de los socios **le** dijo que ellos tenían una gran noticia para él.

One of the partners made a gesture to Martin with his hand to invite him to come in. Martin was puzzled to see all of them gathered at that hour of the day, but he walked into to room and sat down in one of the armchairs. Another partner told him that they had great news for him.

Sentarse: to sit (stem change verb: **e-ie**)

Martín se sentó en un sillón, **al lado de** uno de los socios, y uno de ellos **le** anunció a a él la buena noticia.

Martin sat in an armchair, next to one of the partners, and one of them announced the good news to him.

-¡**A qué no te imaginas** lo que pasó hoy!-, dijo el hombre.

-I bet you have no idea what happened today!-, the man said.

-Ni la menor idea. ¿Qué pasó?-, preguntó Martin **por curiosidad**.

-Not the slightest idea. What happened?-, Martin asked out of curiosity.

-Nos **acaba de** contratar la compañía B...para ser sus abogados **de ahora en adelante**-, dijo su socio con una sonrisa.

-The B...company has just hired us to be their lawyers from now on-, his partner said with a smile.

Acabar de + verb: to have just done something, when conjugated in the Present Tense. If conjugated in the past tense it means: to finish.

-¡Eso sí es una gran noticia!-, exclamó Martín.

-That is great news!-, Martin shouted.

-¿**Qué te parece** si vamos a almorzar para celebrar?-, preguntó su socio.

-How about we go to have lunch to celebrate?-, his partner asked.

Parecer: to seem. (-cer verb)

-Mañana sí...hoy **yo voy a** almorzar con Melinda-, respondió Martin.

-Yes, tomorrow. Today I am going to have lunch with Melinda-, Martin answered.

Luego, él llamó a su esposa y él le dijo a ella que él tenía una gran sorpresa para ella, pero que él quería esperar hasta la hora del almuerzo para contar**le** la buena noticia.

Then, he called his wife and he said to her that he had a great surprise for her, but that he wanted to wait until lunch time to tell her the good news.

Sí, Martín es un hombre sumamente ocupado, sin embargo, en este momento de su vida, él es un hombre en los cuarentas, aún no tiene hijos y su esposa es una mujer muy ocupada también.

Yes, Martin is a very busy man; however, in this moment of his life, he is a man in his forties, he still does not have children and his wife is a very busy woman, too.

Ellos **pueden**, en este momento de **sus** vidas, trabajar muchas horas y **prepararse** para vivir y gozar una larga vida juntos.

They can in this moment of their lives work many hours and prepare themselves to live and enjoy a long life together.

Yo Tengo Una Cita Donde El Doctor
I Have An Appointment At The Doctor's

-Buenas tardes Maritza, ¿cómo está?-, preguntó **doña** Silvia.

-Good Afternoon Maritza. How are you?-, doña Silvia asked.

Doña: Mrs. (followed by a woman's first name). A title that shows respect for a woman that is either married, a boss, or middle aged.

-Muy bien, ¿y usted doña Silvia?-, respondió alegremente la recepcionista del doctor Buendía.

-Very well, and you doña Silvia?-, Doctor Buendía's receptionist replied happily.

-Muy bien...gracias-, respondió doña Silvia con un poco de **desgano** en el tono de su voz.

-Very well...thank you-, doña Silvia replied with tiredness in the tone of her voice.

Desgano: lack of enthusiasm mainly due to tiredness, fatigue, weariness.

-Siéntese, doña Silvia. Ya casi **puede** entrar-, respondió la muchacha.

-Take a seat, doña Silvia. You may go in shortly-, the girl replied.

-Gracias-, respondió doña Silvia.

-Thank You-, doña Silvia replied.

Doña Silvia es una paciente nueva del doctor Buendía. Ella es una mujer joven, casada y madre de dos hijos.

Doña Silvia is a new patient of doctor Buendía. She is a young woman, married and mother of two children.

Justo la semana pasada, ella comenzó a **sentirse** muy cansada y esto aumentó un poco **cada** día. **Por esta razón**, el viernes pasado ella hizo una cita con el doctor Buendía quien es especialista en Medicina General.

Just last week, she began to feel very tired and this increased a little each day. This is why last Friday she made an appointment with Dr. Buendía, who is a general practitioner.

Ella caminó **lentamente** hacia un asiento que estaba en una esquina **a la par de** la puerta de la oficina del doctor y una mesita con revistas para los pacientes.

She walked slowly toward a seat that was in a corner, next to the door of the doctor's office and a small table with magazines for the patients.

Lentamente: slowly. (A synonym of "despacio").

Al llegar al asiento, ella **puso** su cartera de cuero negro sobre la mesita; **se quitó** la capa, y la puso **a un lado**. Luego, ella buscó una revista para leer y **distraerse** un rato.

Once she got to the seat, she put her black leather purse on the small table. She took off her trench coat and she put in to the side. Then she looked for a magazine to read and distract herself for a while.

Poner: to put, to set, to place. (Irregular verb)

Quitarse: to take off, to remove as in to remove a garment.

Distraerse: to distract oneself, to become distracted, to get sidetracked.

Apenas **la** abrió, ella se dio cuenta de que la revista no era de su agrado, por lo tanto, ella **la** colocó sobre la mesa y ella tomó otra revista. Ella comenzó a **ojearla** y ella encontró un artículo de su interés; *Las Mujeres Profesionales A Los Cuarenta.*

As soon as she opended it, she realized the magazine was not to her liking; therefore, she put it on the table and she took another magazine. She began to browse through it and she found an article that caught her attention; Professional Women In Their Forties.

Ella estaba leyendo, muy enfocada en **la lectura**, cuando la voz de la recepcionista sonó **a lo lejos**.

She was reading, very focused on the reading, when the voice of the receptionist sounded in the distance.

-Doña Silvia...dice el doctor que usted ya puede pasar-, dijo la joven
con entusiasmo.

*-Doña Silvia, the doctor says you may go in now-, the young girl
said enthusiastically.*

-Gracias-, respondió ella con desgano, sin **compartir** el entusiasmo
de la joven.

*-Thanks-, she replied with weariness, without sharing the
enthusiasm of the young girl.*

Doña Silvia puso la revista sobre la mesa y ella tomó su cartera y la
capa. Luego, ella se dirigió hacia la puerta de la oficina y **la** abrió con
cierto esfuerzo.

*Doña Silvia placed the magazine on the table and she took her
purse and trench coat. Then, she headed toward the door and she
opened it with some effort involved.*

Apenas doña Silvia entró a la oficina, el doctor Buendía **se puso de
pie** para saludarla.

*As soon as doña Silvia walked in the office, doctor Buendía stood
up to greet her.*

Ponerse:

-Doña Silvia...mucho gusto-, dijo el hombre con un **apretón de
manos** muy optimista.

*-Doña Silvia...glad to meet you-, the doctor said as he gave her an
optimistic handshake.*

-Gracias doctor... ¿Cómo está?-, saludó ella con total falta de energía.

*-Thank you doctor. How are you?-, she greeted with total lack of
energy.*

-Bien gracias! Siéntese por favor-, respondió el médico.

-Very well, thank you. Please take a seat-, the doctor replied.

-Gracias-, dijo ella, al mismo tiempo que se sentaba en la silla frente a
él.

-Thank You-, she said as she sat on the chair, across from him.

Sentarse: to sit down, to sit, to take a seat, to have a seat. (Reflexive verb, -ar ending with stem-change: e-ie).

-Cuénteme, doña Silvia, ¿cómo **se siente** usted?-, el especialista preguntó de pronto.

-Tell me, doña Silvia...how do you feel?-, the specialist asked suddenly.

Sentirse: to feel as in feelings or physical state. (Reflexive verb, -ir ending with stem-change: e-ie).

-Doctor...**es que yo no me siento** bien **últimamente**-, respondió ella.

-Doctor...the thing is...I don't feel well lately-, she replied.

-¿Qué **siente**?...No, ¿cómo **se siente** usted?. **Lo que** yo quiero saber es, ¿qué siente usted?-, preguntó el doctor, al mismo tiempo que él explicaba **lo que** él quería saber.

-What do you feel?. Not, how do you feel?. What I want to know is, what do you feel?-, the doctor asked as he was explaining to her what he wanted to know.

Sentir vs. Sentirse.

Sentir refers to a hunch you have, to a feeling you get when you...; whereas, sentirse is used to describe a physical or psychological condition, as well as an overall sense of self.

Sentir:

I feel like it is going to be a rainy day.

I feel that you are not comfortable where you are.

Whenever I see that color I feel as if I were back to my childhood.

Sentirse:

I feel a little tired today.

I am feeling quite happy, actually.

I am feeling good about myself.

-Doctor, **desde** el lunes de **la semana pasada** yo comencé a sentirme muy cansada y el viernes como a las nueve de la mañana, yo **tuve que** acostarme a dormir porque **ya no aguantaba** estar de pie-, dijo ella con tristeza en su voz, ya que ella era una mujer sumamente activa e interesada en su trabajo.

-Doctor, since Monday last week I began to feel very tired, and on Friday around nine in the morning I had to go lie down to sleep because I was no longer able to bear standing up-, she said with sadness in her voice because she was a very active woman who is interested in her work.

Tener que: to have to, must. (Followed by a verb: tener que + verbo).

-Muy bien; **permítame hacer**le algunas **pregunta**s para su expediente, y luego, **nosotros vamos a** comenzar a hablar-, respondió él con ánimo en su voz.

-Very well. Allow me to ask you a few questions for your medical history, and then we are going to begin to talk-, the doctor replied with enthusiasm in his voice.

-Sí, doctor-, dijo ella **incorporándose** en la silla.

-Yes, doctor-, she said as she sat up on the chair.

Incorporarse: Same meanings as in English.

-¿Qué edad tiene usted?-, preguntó él inicialmente.

-How old are you?-, he asked to start with.

-Tengo treinta y nueve años-, dijo ella.

-I am thirty niene years old-, she said.

-¿Usted es soltera o casada?-, continuó él.

-Are you single or married?-, he carried on.

-Yo soy casada-, respondió ella.

-I am married-, she replied.

-¿Usted tiene hijos?-, preguntó el médico.

-Do you have children?-, the doctor asked.

-Sí, yo tengo dos-, exclamó ella con orgullo en su cara.

-Yes, I have two-, she said with pride in her face.

-¿**A qué edad** los tuvo usted?-, preguntó el especialista.

-How old were you when you had them?-, the specialist asked.

-A la niña la tuve **a los veinticinco años de edad** y al niño lo tuve **a los veintiocho**-, respondió ella con un poco de nostalgia en su voz.

-I had the girl when I was twenty five and I had the boy at the age of twenty eight-, she replied with a bit of longing in her voice.

-¿Usted trabaja?-, prosiguió él.

-Do you work?-, he carried on.

-Sí, yo tengo una pequeña empresa-, dijo ella, **también** con orgullo.

-Yes, I have a small business-, she answered, also with pride.

-Muy bien-, respondió él con una sonrisa.

-Very well-, he replied with a smile.

-Dígame por favor, ¿en su familia hay alguna enfermedad? -, preguntó él, levantando la mirada.

-Tell me please, is there any illness in the family?-, he asked, raising his gaze.

-Bueno, mi padre **murió** de un infarto a los ochenta y tres años-. Él tenía presión alta.

-Well, my father died of a heart attack at the age of eighty three-. He had high blood pressure.

Morir: to die. (stem-change verb: **o-ue**)

-¿Y por el lado de su madre?-, preguntó el médico.

-And on your mother's side of the family?-, the doctor asked.

-Mi madre tiene presión baja, sin embargo, ella es muy sana; **a pesar de** tener ochenta y cuatro años-, respondió ella.

-Mi mother has low blood pressure; however, she is very healthy in spite of being eighty four years old-, she replied.

-¿Usted tiene alergia a algún medicamento?-, prosiguió el doctor.

-Are you alergic to any medication?-

Tener alergia a: to be allergic to

-No, doctor-, respondió ella con certeza.

-No doctor-, she replied with certainty.

-¿Usted está tomando **algún** medicamento?-, preguntó el doctor.

-Are you taking any medication?-, the doctor asked.

-No, doctor; solamente en esta semana-, dijo ella.

-No, doctor; only during this week-, she said.

-Muy bien. Ahora, cuénteme sobre su cansancio y **después** yo la voy a examinar-, dijo él.

-Very well. Now, tell me about your tiredness, and I am going to examine you afterwards.

-Bueno doctor...yo creo que...no; sí,... **fue** el lunes en la mañana-, dijo ella-. Yo **me desperté** como a las cinco de la mañana y yo **me levanté** para hacer el desayuno-, dijo ella conforme recordaba los eventos-. Me sentía muy cansada.

-Well doctor...I think that...no. Yes, it was on Monday morning-, she said. I woke up around five in the morning, and I got out of bed to make breakfast-, she said, as she gradually remembered the events. I was feeling tired.

Luego de una pausa, ella continuó: **A mi** no **me dolía** nada. Yo simplemente no tenía energía para nada.

After a pause, she continued talking: I did not feel any pain. I simply did not have energy to do anything.

Doler: to hurt, to be in pain. (Special verb like the verb "gustar"). Stem change verb: **o-ue.**

Yo me sentí muy cansada el martes, el miércoles, el jueves y, el viernes **yo tuve que** regresar a la cama a las nueve de la mañana porque **yo no podía estar de pie**-, dijo ella, intentando recordar **la sucesión de cada evento y las fechas.**

I felt very tired on Tueday, on Wednesday, on Thursday, and on Friday I had to go back to bed at nine in the morning because I was unable to be on my feet-, she said as she was trying to remember the chain of events and the dates.

-¿Cuáles medicamentos tomó usted **estos días?**-, preguntó el medico, luego de escuchar la información necesaria.

-What medication did you take these last few days?-, the doctor asked after he listened to the necessary information.

-Yo tomé varias aspirinas y dos Alka Seltzer, pero realmente, yo no siento **ninguna** diferencia-, exclamó ella.

-I took several aspirin tablets and two Alka Seltzer, but I really don't feel any difference-, she stated.

-Y... ¿su apetito?-, preguntó él.

-And...how about your apetite?-, he asked.

-Eso sí cambió-, respondió ella-. Yo solamente quiero comer cosas dulces; no **tengo ganas de** comer nada salado-, dijo.

-That did change-, she answered. I only want to eat sweet things. I don't feel like eating anything salty-, she said.

Tener ganas de: to feel like, to have desire to.

-Muy bien, por favor venga **por aquí**-, dijo el médico, al mismo tiempo que le mostraba a ella con su mano derecha la puerta de la habitación **contigua**.

-Very well. Please come this way-, said the doctor as he showed her with his right hand the door of the adjacent room.

-Entre al baño y **se pone** la bata **que** está colgando **detrás** de la puerta-, dijo el doctor, al mismo tiempo que señalaba la puerta del baño.

-Go in the bathroom and put on the robe that is hanging behind the door-, said the doctor as he signaled to the bathroom door.

-Muy bien-, respondió ella.

Una vez que doña Silvia **salió** del baño, el doctor **le** mostró la camilla y ella **se sentó** de inmediato, pues el cansancio no **le** permitía estar de pie.

Once doña Sivlia came out of the bathroom, the doctor showed her the examining table and she sat right away because the exhaustion did not allow her to be on her feet.

-Por favor, **acuéstese** y **ponga** su cabeza sobre la almohada-, dijo él.

-Please lie down and put your head on the pillow-, he said.

-¿A usted le duele aquí?-, el doctor **le** preguntó a ella mientras él ejercía presión **sobre** el abdomen.

-Does it hurt (you)here?-, the doctor asked her while he applied pressure over the abdomen.

-No-, respondió ella con la mirada **fija** en el cielo raso.

-No-, she replied with her gaze fixed on the ceiling.

-¿Aquí?-, preguntó él.

-No-, dijo ella.

-¿Aquí?-, preguntó el médico **una vez más**.

-Here?-, the doctor asked one more time.

-¡Sí!-, exclamó ella cuando el doctor ejerció presión **al lado derecho**
de su estómago.

*-Yes!-, she cried out when the doctor applied pressure on the right
side of her stomach (belly).*

-¡Muy bien!-, exclamó el doctor-. Ahora **yo voy a** revisarle los ojos.

-Very well-, stated the doctor. Now I am going to check your eyes.

-¿**Ha** notado **usted** algún cambio en el color de la orina?-, preguntó
él.

-Have you noticed any change in the color of the urine?-

-Ahora que usted **lo** menciona...sí...**es** muy oscura, pero yo **me tomo**
ocho vasos de agua todos los días-, respondió ella, un poco preocupada.

*-Now that you mention it, yes, it is very dark, but I drink up eight
glasses of water every day-, she replied with some worry.*

Tomarse: to drink up, to drink quickly, to drink eagerly. (Reflexive
verb).

-Está bien...**cámbiese** la ropa y **venga** a la oficina para hablar-,
respondió el médico con calma.

*-All right...change your clothes and come to the office to talk-, the
doctor replied calmly.*

Cambiarse: to change something about oneself. **Cámbiese:**
Imperative form.

Venir: to come. **Venga:** Imperative form.

Doña Silvia **se bajó** de la camilla y ella **se dirigió** al baño; se cambió
de ropa, y luego caminó a la oficina contigua donde ella encontró al
doctor sentado en su escritorio **mientras** él estaba escribiendo algunas
indicaciones en una libreta.

*Doña Silvia stepped down form the examining table and she
headed to the bathroom. She changed her clothes and then she walked
to the adjacent office where she found the doctor seated while he was
writing a few indications on a prescription pad.*

-Doña Silvia, voy a mandar**le** a hacer un examen de sangre-, dijo-. **Si
usted gusta,** puede esperar**me** en la salita y apenas esté listo le aviso.

*-Doña Silvia, I am going to have a blood test done for you-, he said.
If you wish, you may wait for me in the waiting room and as soon as it
is ready I will let you know.*

Seguidamente añadió: Yo **le** prometo que usted no va a tener que
esperar **más de** cuarenta y cinco minutos por los resultados.

*Immediately after, he added: I promise you that you will not have
to wait for more than forty five minutes for the results.*

Más de: more than. *When followed by numbers or a quantity, más is
followed by the preposition "de" for comparisons.*

-¿**Es** algo malo, doctor?-, preguntó ella de la forma en que **lo hacen**
todos los pacientes.

*-Is it something bad, doctor?-, she asked in the way that all patients
do.*

-No, no **es** nada malo-. Yo solamente quiero **estar seguro** del
medicamento que yo tengo que **manda**rle-, respondió él con una sonrisa.

*-No, it is nothing bad. I only want to be sure of the medication that
I have to prescribe to you-, he replied with a smile.*

Mandar: to send, to command, to prescribe medication.

-Muy bien-, dijo doña Silvia mientras ella caminaba hacia la salita
para **seguir** leyendo la revista que ella estaba leyendo antes de entrar al
consultorio.

*-Very well-, said doña Silvia as she walked toward the waiting
room to continue reading the magazine she was reading before entering
the doctor's office.*

Ella se quedó allí sentada por unos instantes; leyendo y pensando **a la
vez.**

She remained there, seated for a few moments, reading and thinking at the same time.

De repente, los pensamientos negativos **la** atacaron: "¿Y qué va a pasar si yo tengo **algo** malo?" - preguntó para sí, intentando concentrar su atención en el artículo.

Suddenly, negative thoughts attacked her: And what is going to happen if I have something bad?-, she asked herself, trying to focus her attention on the article.

Así estuvo ella por veinte minutos, tratando de concentrarse en la lectura, pero **no podía**.

She remained like that for twenty minutes, attempting to focus on the reading, but unable to do so.

"Es increíble-pensaba. ¿Cómo puede cambiar la vida así, **de la noche a la mañana?** "

"It is unbelievable-she thought. How can life change like that overnight?"

De repente, ella oyó la voz de la recepcionista cuando ella intentaba **captar** su atención **al** llamar**la** por su nombre: doña Silvia...doña Silvia.

Suddenly, she heard the voice of the receptionist when she was trying to capture her attention when calling her by her name: doña Silvia...doña Silvia.

-Sí, **discúlpeme**-, dijo ella, al escuchar su nombre repetidas veces.

-Yes, I am sorry-, she said when she heard her name on repeated occassions.

-No se preocupe-, dijo la recepcionista-. Dice el doctor que pase.

-It's all right-, the receptionist said. The doctor says you may go in.

-¡Gracias!-, respondió ella mientras sus ojos buscaban ansiosamente la puerta de la oficina.

-Thank You!-, she replied while her eyes anxiously looked for the office door.

En ese instante, ella se levantó del asiento; ella tomó sus cosas y ella se dirigió hacia la puerta del consultorio. Luego, ella **tocó** la puerta y ella oyó la voz del doctor.

In that moment, she got up from the seat. She took her things and she headed toward the door of the office. Then, she knocked on the door and she heard the doctor's voice.

Tocar: to knock, to touch.

- ¡Pase!-, dijo el médico.

-Come in!-, the doctor said.

-Gracias-, respondió ella, cerrando la puerta **tras** de sí.

-Thank You-, she replied while closing the door behind her.

Seguidamente, ella se dirigió hacia la silla que estaba frente al escritorio y ella se sentó.

Immediately after, she headed toward the chair that was in front of the desk and she sat down.

-Doña Silvia...usted no tiene nada de qué **preocuparse**-, dijo el doctor con tranquilidad-. El examen de sangre indica que usted tiene hepatitis.

-Doña Silvia, you have nothing to concern yourself with-, the doctor said calmly. The blood tests indicate that you have hepatitis.

Preocuparse: to concern yourself, to worry. (Reflexive verb)

-¿Hepatitis?-, exclamó ella, visiblemente sorprendida.

-Hepatitis?-, she cried out, visibly surprised.

-No es hepatitis B, sino hepatitis A; la menos peligrosa-, **añadió** el médico.

-It is not hepatitis B, but hepatitis A; the least dangerous type-, the doctor added.

Añadir: to add

Luego de unos segundos dijo: **Es por eso**, que usted cada día se siente más y más cansada.

After a few seconds, the doctor said: That is why you feel more and more tired each day.

-¡Ay...doctor!-, dijo ella horrorizada. **¿Cómo puede ser?**-, preguntó ella.

-Oh, doctor!-, she said horrified. How can it be?-, she asked.

-No se preocupe usted, doña Silvia-, dijo el doctor sonriendo-. **Uno** nunca sabe si algo está contaminado cuando uno **lo** come-, añadió él.

-Don't you worry, doña Silvia-, the doctor said smilingly. One never knows if something is contaminated when one eats it-, he added.

Seguidamente, el doctor escribió algunos datos en su libreta y **le entregó** la hoja de papel a ella al mismo tiempo que le dijo: En todo caso, voy a mandarle una dieta sin grasa, con muy poca azúcar, sin comer chocolate ni tomar bebidas con alcohol-. Usted tiene que mantener reposo **la mayor parte** del día; preferiblemente en cama.

Immediately after, the doctor wrote a few details on his prescription pad and he handed the paper to her as he said to her: Anyhow, I am going to recommend a non-fat diet with very little sugar consumption, without eating chocolate or drinking alcoholic beverages. You must rest most of the day; preferably in bed.

-¿Yo puedo hacer algún tipo de ejercicio?-,preguntó ella.

-Can I do any type of excercise?-, she asked.

-Usted **no puede** hacer ejercicios-, respondió él-. Mucho menos ir al gimnasio.

-You may not do excercise-, he answered. Least of all go to the gym.

-¿**Por cuánto tiempo** debo mantener reposo?-, preguntó ella con tristeza.

-How long must I get some rest?-, she asked sadly.

-Usted va a **reposar** por un mes-. **Dentro de** ocho días, nosotros hacemos otro examen de sangre y uno de orina.

-You are going to get some rest for one whole month. A week from today, we run another blood test and another urine test.

To run a test: *to make* or *to do* in Spanish (**Hacer**)

-¿Cuánto tiempo voy a tardar yo en **recuperarme**?-, preguntó ella.

-How long is it going to take me to recover?-, she asked.

Recuperarse: to recover from. (Reflexive verb)

-Yo voy a mantenerla a usted bajo control por un mes y luego, usted va a hacer un poco de ejercicio y usted va a incluir más comidas a su dieta-, dijo el doctor con optimismo.

-I am going to keep you under observation for one month, then you are going to do a little excercise and you are going to include more foods to your diet-, the doctor said with enthusiasm.

-Bueno...doctor, **por lo menos** no es nada grave-, dijo doña Silvia, en voz baja.

-Well doctor, at least it is nothing serious-, doña Silvia said in a hushed voice.

-Si usted sigue mis indicaciones yo **le** aseguro que en seis semanas **ya** usted va a estar casi recuperada-, **le** aseguró el doctor.

If you follow my advise I can assure you that in the course of the next six weeks you will already be almost fully recovered-, the doctor reassured her.

–Ah, y por favor recuerde que usted tiene que tomar por lo menos seis vasos de líquido al día.

-Oh, and please remember that you have to drink at least six glasses of liquids every day.

-Puede ser agua, jugos de frutas naturales con muy bajo contenido de azúcar y, solamente una taza de café al día; no más-, **recalcó** el médico.

-It may be water, natural fruit juice with very low sugar content, and only one glass of coffee a day; not more than one-, the doctor emphasized.

Recalcar: to emphasize. (-car ending verb)

-Gracias doctor. Yo me siento muy cansada-,respondió ella.

-Thank you, doctor. I feel very tired-, she replied.

-¿Usted cree que usted puede manejar?-, preguntó él con preocupación.

-Do you think you can drive?-, he asked with concern.

-No...mejor no-. Yo voy a llamar a mi hija.

-¡Mejor así!...es mejor ser precavido-. Yo voy a decirle a Viviana que usted tiene una cita el próximo jueves.

-It is better this way. It is better to be cautious. I am going to tell Viviana that you have an appointment next Thursday.

-¿En una semana, más o menos?-preguntó ella.

-In a week, more or less?-, she asked.

-Sí porque yo quiero examinarla una vez más-. Por favor no olvide traer los exámenes, también.

-Yes, because I want to examine you once more. Please don't forget to bring the test results, too.-

-Sí, doctor...gracias. **Nos** vemos el próximo jueves-

-Yes, doctor. Thank You. We will see each other next Thursday-

-Igualmente doña Silvia...nos vemos **entonces**-, respondió él y luego cerró la puerta.

-Likewise, doña Silvia. We will see each other then-, replied the doctor, and then he closed the door.

El Secuestro/The Abduction

Era un día como **cualquier** otro. Elizabeth, la hija de un reconocido empresario de San José, **se disponía a** salir para su trabajo como lo hacía todos los días entre semana, de lunes a viernes.

It was a day like any other. Elizabeth, the daughter of a reknown businessman from San José, was getting ready to leave for her work as she would do every business day, from Monday to Friday.

Disponerse a: to get ready to +verb, to prepare to +verb. (Reflexive verb).

Ella era una mujer de treinta y seis años, con cabello castaño claro que le llegaba a la mitad de la espalda. Ella tenía ojos verdes muy penetrantes y una sonrisa que compartía con todos sus **seres** queridos desde que ella abría los ojos al despertarse.

She was a thirty six year old woman with light chestnut brown hair that went halfway down her back. She had very deep green eyes and a smile that she would share with all her loved ones from the moment that she opened her eyes when waking up.

Seres: plural form of the noun *ser. Ser* as a noun means *being.*

A human being: un ser humano

También ella era alta, elegante y muy sencilla en su **forma de ser** y forma de vestir.

Also, she was tall, elegant and very casual in her ways, and the way she dressed.

A ella **le gustaba** vestir con ropa sencilla: camisa blanca, pantalones o enagua y zapatos de tacón alto.

She used to like wearing casual clothes, such as a white button down shirt, pants or a skirt, and high heel shoes.

Vestir: to wear. (Stem-change verb: **e-i**)

Esta mañana, ella **se puso** una camisa blanca de manga larga, aretes y un brazalete de plata, pantalón de mezclilla y sandalias.

This morning she put on a long sleeve button down shirt, silver earrings and a silver bracelet, denim jeans, and sandals.

Ponerse: to put on. (Reflexive verb, irregular verb)

Eran las siete de la mañana y ella **desayunó** muy rapido. Ella **se miró** en el espejo una vez más para **asegurarse** de que el delicado maquillaje que ella se puso era el adecuado a la luz del día.

It was seven in the morning and she had breakfast very quickly. She looked at herself in the mirror once more to make sure that the delicate make up she put on was adequate for the light of daytime.

Desayunar: to have breakfast.

Mirarse: to look at oneself. (Reflexive verb)

Asegurarse: to make sure. (Reflexive verb)

-¡No **se te olvide** llevar tu teléfono!-, le **recordó** su esposo mientras él se dirigía al segundo piso.

-Don't forget to take your phone with you!-, her husband reminded her while he was heading to the second floor.

Olvidarse: to forget. (Reflexive verb with a slight nuance in meaning when compared to the verb *olvidar)*

-Aquí **lo** tengo-, le respondió ella con cariño.

-I have it right here-, she replied to him with affection.

-¿A qué hora vas a estar tú en casa?-, **le** preguntó Miguel.

-What time are you going to be home?-, Miguel asked her.

-Hoy yo tengo varias cosas que hacer en la oficina, pero **ya para** las cinco y media yo estoy aquí-, respondió ella.

-Today I have several things to do at the office, but already by five thirty I am here-, she replied.

Ya para: idiomatic expression meaning deadline.

-Yo también voy a llegar como a **esa** hora-, dijo él.

-I am also going to arrive around that time-, he said.

-Yo **te** llamo esta tarde-, respondió élla.

-I will call you this afternoon-, she replied.

Elizabeth se dirigió hacia la mesita que estaba al lado de la puerta que separaba el garaje del resto de la casa y ella tomó las llaves de su carro.

Elizabeth headed toward the small table that was next to the door that separated the garage from the resto of the house, and she took her car keys.

Ella abrió la puerta, **la** cerró tras de sí y ella **desactivó** la alarma del carro con el control remoto. Ella **arrancó** el carro. Ella manejó para atrás y ella esperó hasta que el portón de hierro **se cerró** totalmente.

She opened the door. She closed it behind her, and she deactivated the car alarm with the remote control. She started the car. She backed up the car and she waited until the iron gate fully closed itself.

Cerrarse: to close by itself, by oneself as when our mind is bogged down. (Reflexive verb with stem-change:**e-ie**)

-"¡En este país vivimos **como** en una cárcel!"-, pensó ella mientras ella se dirigía a la señal de alto en la esquina de su casa.

-"In this country we live like in a prison!"-, she thought, while she headed toward the stop sign at the corner of her house.

Ella miró **para todos lados** y ella **dobló** a la derecha. No **había** mucho tráfico esa mañana. El día estaba soleado y ya estaba caliente a esa hora.

She looked in every direction and she turned to the right. There was not much traffic that morning. The day was sunny and it was already hot at that time.

Elizabeth **siguió** su camino pensando en **todo lo que** ella tenía que hacer en la oficina.

Elizabeth continued on her way thinking about everything that she had to do at the office.

Ella llegó hasta la intersección de un pequeño pueblo llamado Atenas, y ahí ella bajó la velocidad para poder tomar la calle que entra al centro de el pueblo.

She arrived until the intersection of a small town called Atenas, and there she decreased the speed in order to be able to take the road that goes into the center of the town.

Apenas ella tomó la calle al pueblo que se llama Atenas, a unos cien metros de la intersección, ella **vió** una señal de alto que **permite** el paso a los vehículos que **vienen** de otras comunidades.

As soon as she took the road to the town called Atenas, about one hundred meters of the intersection, she saw a stop sign that allows the right of way to other vehicles that come from other communities.

Elizabeth **se detuvo** en la señal y ella esperó para ver que no venía ningún carro.

Elizabeth stopped at the stop sign and she waited to see that there was no other car coming her way.

Detenerse: to stop, to come to a halt. (Reflexive verb)

De repente, ella **oyó** el timbre de su teléfono y ella abrió su bolso para buscar**lo**. Ella revisó la pantalla y ella vio que la llamada **provenía** de un número privado.

All of the sudden, she heard the ring tone of her phone and she opened her bag to look for it. She checked the screen and she saw that the call originated from a private number.

Oír: to hear. (Irregular verb)

Provenir de: to originate from. (Irregular verb)

A ella no le gustaba contestar llamadas provenientes de números de teléfono privados, pero lo hizo pensando que podía ser algún cliente nuevo.

She did not like to answer calls that originate from private phone numbers, but she did, thinking that it might be a new customer.

-¡Aló!-

-¿Elizabeth?-, preguntó una voz de mujer.

-It this Elizabeth?-, a female voice asked.

-¡Con ella habla!-, respondió ella, con ansias de saber quién era la persona que la estaba llamando.

-Speaking!-, she answered, quite anxious to find out who the person that was calling was.

De repente, ella oyó un golpe en la ventana del conductor y ella vio los pedazos de vidrio que **caían** en su regazo.

Suddenly, she heard an impact on the driver's window, and she saw pieces of glass that were falling on her lap.

Caer: to fall. (Irregular verb)

Justo en ese instante, una mano fuerte la sujetó por el cuello.

In that same moment, a strong hand grabbed her by the neck.

-¡**Bájese** del carro!-, dijo una voz masculina, escondida detrás de un casco de motociclista de color negro con calcomanías blancas, mientras el hombre la tomaba por el cuello y la **sujetaba** por el cabello para obligarla a bajar sin poder poner resistencia debido al dolor que ella sentía.

-Get down from the car!-, said a male voice, hidden behind a black motorcycle rider helmet with white stickers while the man took her by the neck and held her by the hair in order to force her to get down from the car without being able to apply any resistance due to the pain she was feeling.

Sujetar: to hold, to have a grip on.

El hombre la **jaló** del pelo, obligándola **de esta forma** a caminar por la parte de atrás del carro y doblar hasta llegar a la puerta del pasajero.

The man pulled her by the hair thus forcing her to walk behind the car and to turn until arriving to the passenger door.

Él abrió la puerta y empujó a Elizabeth hacia la parte de adentro del carro. Luego, él cerró la puerta rápidamente y, sin perder un instante, él **le** dijo a ella unas palabras con tono amenazante.

He opened the door and he pushed Elizabeth toward the inside of the car. Then, he closed the door quickly, and without wasting a single moment, he said to her a few words in a menacing tone.

-¡Si se baja la mato!-, dijo el hombre con voz grave.

-If you get down from the car I'll kill you!-, the man said with a deep voice.

El hombre se dirigió hacia la puerta del conductor y **la** abrió. Luego, él **se montó** al carro con rapidez y cerró la puerta.

The man headed toward the door of the driver and he opened it. Then, he got in the car quickly and he closed de door.

Montarse: to get in a car, to get on a horse or a bike. (Reflexive verb)

Por un instante, él miró a Elizabeth y él le dijo: ¡No se mueva!

For a moment, he looked at Elizabeth and he said to her: Dón't move!

De inmediato, el hombre **sacó** un mecate plástico de color azul de la bolsa derecha de su chaqueta de cuero negro y se puso a amarrar las manos de la mujer para **evitar** cualquier intento de escaparse por parte de ella.

Immediately, the man took out a blue plastic rope from the right pocket of his black leather jacket, and he started to tie the hands of the woman to prevent any intent of escape on her behalf.

Sacar: to extract, to take out.

Evitar: to avoid, to prevent.

Luego, el hombre **se quitó** el casco y **lo** colocó en el asiento trasero.

Afterwards, the man took off his helmet and he placed it on the back seat.

Quitarse: to remove from onself.

Sin perder un solo instante, el hombre arrancó el carro y él manejó hacia la costa.

Without wasting a single moment, the man started the car and he drove in direction to the coast.

Elizabeth le **rogó**: Por favor, **déje**me ir!

Elizabeth begged him: Please, let me go!

Rogar: to plead, to beg.

Dejar: to allow, to let, to leave...behind.

Luego, ella agregó: ¡Llévese el carro!

Then, she added: Take the car!

El hombre no decía palabra alguna. Él estaba manejando con cautela, a velocidad moderada para no despertar la curiosidad de la policía de tránsito.

The man would not say a single word. He was driving with caution, at a moderate speed, so that he would not awaken the curiosity of the traffic police.

Despertar la curiosidad: to attract attention.

A escasos dos kilómetros, cuando ellos **iban** por la autopista, el hombre **vio** una entrada de lastre a mano izquierda y él bajó la velocidad de forma gradual.

Barely two kilometers away, when they were going along the highway, the man saw an entrance of gravel on the left hand side, and he decreased the speed gradually.

Íban: The Past Imperfect conjugation of the verb *ir* in the second and third person plural.

Al llegar a la entrada de la calle, él **dobló** y **aceleró** sobre las piedras finas sobre la calle. Él **manejó** por aproximadamente diez minutos y después él detuvo el carro.

Upon arriving to the entrance of the road, he turned, and accelerated over the fine stones on the road. He drove for aproximately ten minutes, and afterwards he stopped the car.

De inmediato y sin decir palabra alguna, el hombre **se bajó** del carro y **se dirigió** hacia la puerta del pasajero; él **abrió** la puerta y tomando a Elizabeth del brazo, él la obligó a bajarse.

Immediately and without saying a single word, the man got out of the car and he headed toward the passenger door. He opened the door and taking Elizabeth by the arm, he forced her to get out of the car.

-¡**Quédese** aquí y no **se mueva**!...o la mato-, le dijo él a la mujer mientras ella lo miraba con ojos de terror.

-Stay here and don't move!...or I'll kill you-, he said to the woman while she looked at him with terror in her eyes.

El hombre caminó hacia la puerta del conductor. Él **se metió** al carro y después él aceleró, dejando una nube de polvo detrás.

The man walked toward the driver side door. He got in the car and then he accelerated, leaving a cloud of dust behind.

Elizabeth miró hacia la derecha y ella vio el carro desaparecer detrás de la nube de polvo.

Elizabeth looked to the right and she saw the car disappear behind the cloud of dust.

Por algunos instantes, ella se quedó en absoluto silencio, sin embargo, con las manos amarradas ella intentó llegar hasta un árbol de mango, **el cual** jugaba **el papel** de ser el soporte principal de una cerca viva al lado del camino.

For a few moments, she remained in absolute silence; nevertheless, with her hands tied she tried to get to a mango tree, which played the role of being the main support on a live fence on the side of the road.

Papel: a role as in a movie or play, or paper as in a sheet of paper.

Movida por su instinto de sobrevivencia, ella **se acercó** al árbol y, de esta forma, ella intentó **romper** el mecate **rozándolo** contra la punta de una rama seca del árbol.

Motivated by her survival instinct, she approached the tree. In this way, she tried to tear the rope, rubbing it against the tip of a dried branch of the tree.

Acercarse: to become close, to get near, to approach. (Reflexive verb)

Romper: to break, to tear.

Rozar: to rub against, to brush against.

Afortunadamente, el hombre le **amarró** las manos de tal forma que ella logró desatarse una vez que él **desapareció** detrás de una vuelta.

Fortunately, the man tied her hands in such a way that she managed to to untie herself once he disappeared around the bend.

Ella hizo dos intentos de **raspar** el mecate contra la punta de la rama y, finalmente, ella **logró** romper el mecate después de diez minutos.

She made two attempts to scratch the rope against the tip of the branch and finally, after ten minutes, she managed to tear the rope apart.

Elizabeth estaba confundida, sin embargo, ella comenzó a caminar hacia la calle, intentando llegar a la calle principal.

Elizabeth was confused; however, she began to walk towards the road as she tried to reach the main road.

"Él **se llevó** el carro con mi cartera, mi teléfono, la plata y las tarjetas"-ella pensó mientras ella caminaba tan rápido como ella pudo.

"He took my car with my bag, mi phone, the money, and the credit cards"-she thought while she was walking as fast as she could.

Llevarse: to take with one. (Reflexive verb)

Ella comenzó a correr. Ella **estaba sudando**. El sol estaba muy alto en el cielo y ella sentía el calor en la cara.

She started to run. She was sweating. The sun was very high up in the sky and she was feeling the heat on her face.

Sudar: to sweat, to cook meat as in a stew.

Al rato, ella estaba tan cansada y ella **tenía** tanta **sed** que ella decidió parar y **sentarse** sobre una piedra grande a un lado del camino.

After a while, she was so tired and she was so thirsty that she decided to stop and sit down on a large rock on one side of the road.

Tener sed: to be thirsty (to have thirst)

En ese preciso instante, ella **pensó** en todo. Ella pensó en su esposo. Ella también pensó en su padre.

In that same instance, she thought about everything. She thought about her husband. She thought abour her father, too.

Pensar: to think, to believe. (Stem-change verb: **e-ie**)

"Él **debe** estar llamándome, y él debe estar muy preocupado al notar
que yo no respondo sus llamadas".

*"He must be calling me, and he must be very worried when he
notices that I don't answer his phone calls."*

Finalmente, ella tomó fuerzas y ella **se levantó** para **seguir**
caminando hasta la calle principal, la cual quedaba como a trescientos
metros de donde ella estaba.

*Finally, she took (gathered) strength and she stood up to continue
walking until the main road, which was about three hundred meters
from where she was.*

Seguir: to continue, to keep doing something, to follow. (Stem -
change verb: **e-i**).

De repente, ella oyó el sonido de un carro que **venía** detrás de ella y ella
se volteó para ver. Era un cuatro por cuatro que venía hacia ella **a toda
velocidad.**

*Suddenly, she heard the sound of a car that was coming behind her,
and she turned around to take a look. It was a four by four that was
coming toward her at full speed.*

Voltearse: to turn around, to turn your head. (Reflexive verb)

Ella **se paró** en medio de la calle, y ella levantó los brazos y **los movió**
en el aire para hacerle señales al conductor o a la conductora.

*She stood in the middle of the road, and she raised her arms, and
she moved them in the air to make signals to the male driver or female
driver.*

El carro bajó la velocidad poco a poco hasta que **se detuvo**. En
ese preciso instante, el conductor abrió la ventana. Al ver la cara de
desesperación que la mujer tenía y el estado de su ropa, le dijo: señora;
¿**se encuentra** usted bien?

*The car decreased the speed little by little until it came to a halt. At
that very instant, the driver opened the window. Upon seeing the face of*

dispair that the woman had and the state her clothes were in, he said:
Ma'am, are you all right?

Detenerse: to stop. (Reflexive verb)

Encontrarse: to find oneself. (Reflexive verb)

-¡Ay señor!... por favor **sáque**me a la carretera...a mi me **robaron** el carro y a mi me dejaron aquí con las manos amarradas-, le dijo ella al hombre, tratando de explicar**le** todo en pocas palabras porque **eso era** todo lo que ella tenía.

-Oh Sir!...please take me out to the road...my car was stolen from
me, and I was left here with my hands tied-, she said to the man, trying
to explain to him everything in a few words because that was all that
she had.

Sáque: Imperative form of the verb "sacar".

Robar: to steal, to rob, to mug.

De inmediato, el conductor **se bajó** del carro y él caminó hacia la puerta del pasajero para abrir**la** con el propósito de ayudar**le** a ella a subirse al carro.

Immediately, the driver got out of the car and he walked toward the
passenger side door to open it with the objective of helping her to get in
the car.

Seguidamente, él **la** tomó de un brazo y él **la** ayudó a entrar. Luego, él sacó una botella plástica con agua fría y él **le** dio la botella a ella.

Immediately after, he took her by the arm and he helped her get in.
Then, he took out a plastic bottle with cold water and he gave the bottle
to her.

-Tome, señora...esto **le** hará bien-, **le** dijo él al dar**le** a ella la botella.

-Here, ma'am...this will do **you** good-, he said **to her** upon giving **her** the bottle.

-Gracias, señor...yo **le** agradezco-, dijo ella, tomando la botella.

-Thank you, sir...I am grateful **to you**-, she said, upon taking the bottle.

Y con un gesto desesperado, ella *la* abrió para **tomarse** el agua **tan** rápidamente **como** ella pudo.

And with a gesture of dispair, she opened it to drink up the water as quickly as she could.

Tomarse: to drink up, to drink very fast. (Reflexive verb)

Una vez que Elizabeth **recobró** un poco de fuerza, ella le **contó** al hombre toda la historia. Además, ella le **contó** a él acerca del lugar donde ella trabajaba, **así como** quien era su padre y quien era su esposo.

Once Elizabeth recovered a little strength, she told the man the whole story. Also, she told him about the place where she worked, as well as who her father was, and who her husband was.

-Yo me llamo Arturo, y yo **la** voy a llevar **adonde** usted me diga-, **le** ofreció el conductor con aparente sinceridad-. **Si gusta**, usted puede usar mi teléfono-, agregó él.

-My name is Arturo and I am going to take you wherever you tell me to-, the driver offered her with apparent sincerity. If you'd like, you may use my phone-, he added.

-Sí, gracias. **Yo voy a** llamar a mi padre...él debe estar muy preocupado-, respondió ella.

-Yes, thank you. I am going to call my father. He must be very worried-, she replied.

- ¡Aló!-, contestó su padre cuando él vio que la llamada provenía de un número de teléfono privado.

-Hello!-, her father answered when he saw that the call originated from a private number.

-¡Papá! ¡Soy yo! -, dijo ella, al mismo tiempo que ella sentía gran tranquilidad al oír la voz de su padre.

-Dad, it's me!-, she said, as she was feeling a great deal of peace upon hearing her father's voice.

-¡Elizabeth!... ¿Dónde estás?... ¿Estás bien?-, preguntó su padre..

-Elizabeth, where are you? Are you all right?-, her father asked.

-¡Sí papá, **ya casi llego!**-, dijo ella con entusiasmo en su voz, **con el fin de** calmar la angustia que su padre sentía.

-Yes, dad. I'm on my way!-,she said with enthusiam in her voice, with the purpose of calming the anguish that her father was feeling.

-¡Está bien, Eli...!-, dijo su padre. Ya me tenías preocupado. **Yo he estado** llamándote toda la mañana y no me contestabas-, él añadió.

It's all right, Elizabeth!-, her father said. You had me worried. I have been calling you all morning long and you would not answer-, he added.

-Ya llego papá y te lo cuento todo-, dijo ella con voz calmada, al mismo tiempo que su corazón latía a cien millas por hora.

-I am almost there dad, and I will tell you everything-, she said with a calm tone of voice as her heart would beat at a speed of a hundred miles per hour.

Posteriormente, ella **le devolvió** el teléfono al conductor y ella **le** manifestó su agradecimiento por parar; por recoger**la**, y por ofrecer llevar**la** a su destino.

Shortly thereafter, she returned the phone to the driver and she expressed her gratitude to him for stopping, for picking her up, and for offering to take her to her destination.

-Usted me dice dónde queda la oficina-, dijo él.

-You tell me where the office is located-, he said.

-Sí, ya nosotros casi llegamos-, respondió ella. Luego, con tono amable, ella **procedió** a indicar**le** la dirección que él debía tomar.

-Yes, we are almost there-, she replied. Then, with a kind tone of voice she proceeded to indicate to him the direction that he should take.

-En la esquina, doble a la derecha y usted puede ver que a los cien metros hay un edificio blanco de dos piso-, dijo ella, indicándo**le** con la mano **hacia donde** él tenía que doblar.

-On the corner, turn right and you can see that there is a two story building, a white building, one hundred meters away-, she said,

showing him with her hand in what direction (towards where) he had to turn.

-¡Ahí es!-, dijo ella.

-There it is!-she said

Tan pronto como Arturo estacionó el carro, él procedió a bajarse.

As soon as Arturo parqued the car, he proceeded to get out.

-Permítame-, dijo Arturo, bajándose del carro para abrir**le** la puerta y ofrecer**le** su brazo para ayudar**la** a bajarse.

-Allow me-, Arturo said, as he was getting out of the car to open the door for her, and to offer her his arm in order to help her get out.

-Por favor venga usted **conmigo**-, dijo ella.

-Please, come with me-, she said.

-Yo **quiero que usted** conozca a mi padre-, exclamó ella con agradecimiento.

-I would like you to meet my father-, she stated with gratitude.

Yo quiero que usted: The Subjunctive Mood. In this case, the Subjunctive Mood is used as a soft imperative, which means it is a softer way of expressing what you want someone to do for you.

-Eso es, **por supuesto**, si usted tiene tiempo-,ella añadió.

-That is... if you have time, of course-, she added.

-Sí, claro...a mi me **encantaría** conocer a su padre-, exclamó él, un tanto sorprendido.

-Yes, of course. I would love to meet your father-, he said, a bit surprised.

Encantar: to express that one would love to do something. (Special verb from the verb group of the verb *"gustar"*)

Al abrir la puerta de la oficina, Irene, la recepcionista, salió corriendo hacia ella.

Upon opening the door of the office, Irene, the receptionist, started running toward her.

–Doña Elizabeth, nosotros estábamos **tan** preocupados por usted -, dijo ella, intentado **averiguar** las razones **por las cuales** Elizabeth no llamó **ni** contestó sus llamadas o **las de** su padre.

-Doña Elizabeth! We were so worried about you-, she said, trying to find out the reasons for which Elizabeth did not call nor answered her phone calls or those of her father's .

-Luego te **cuento**-, le respondió ella-. Ahora voy a ver a papá.

Y **como** impulsada por un resorte, Elizabeth **se dirigió** al segundo piso mientras Arturo caminaba detrás de ella.

-I will tell you later-, she replied. Now I am going to go see dad.

And as if propelled by a spring, Elizabeth headed to the second floor while Arturo was walking behind her.

Contar: to tell, as in to tell a story, to tell a joke, to tell someone something. To count, as in counting the days. (Stem-change verb: **o-ue**)

Al llegar al segundo piso, ella dobló hacia la derecha y ella caminó hacia una puerta de **vidrio**. Allí, ella **se dio cuenta** que ella no traía la tarjeta de acceso, pero su padre **la** vio y vino a la puerta para abrir**la** para ella.

Upon arriving to the second floor, she turned to the right and she walked up to a glass door. There, she realized that she did not bring the access card to the door with her, but her father saw her and he came to the door to open it for her.

Darse cuenta: to come to a realization. (Reflexive verb)

–Elizabeth, ¿tú olvidaste la tarjeta?, ¿qué te pasó?, ¿por qué no contestaste mis llamadas?-, preguntó el anciano ansiosamente, con cara de preocupación.

-Elizabeth, did you forget the card? What happened to you? Why did you not answer my calls?-, the elderly man asked anxiously, with a worried look on his face.

-Papá, yo te presento a Arturo-, dijo ella, **volviéndose** para mirar al hombre que estaba de pie junto a la puerta.

-Dad, I introduce Arturo to you-, she said, as she turned to look at the man that was standing next to the door.

-A él le **debo** que **me** trajó hasta aquí sin contratiempos-, dijo ella tomando el brazo de su padre mientras el anciano **le estrechaba** la mano a Arturo.

-To him I owe that he brought me here without any complication-, she said as she took her father by the arm and the elder man was shaking Arturo's hand.

-Bueno, todo esto me tiene muy confundido, pero **pasemos a** la sala de conferencias **para que** ustedes me expliquen de que se trata todo esto **de una vez por todas** porque yo no entiendo nada-, exclamó el padre.

-Well all of this has me very confused, but let's go into the conference room so that you both can explain to me what this is all about once and for all because I don't understand anything-, said the father.

Seguidamente, él hizo un gesto con la mano con el propósito de **captar** la atención de su secretaria.

Immediately after, he made a gesture with his hand to the secretary in order to capture her attention.

-Vera, por favor ordene una pizza extra grande y tres bebidas gaseosas...estamos **muertos de hambre**...por lo menos yo, sí estoy muerto de hambre...no sé ustedes, pero... ¡comamos!-,dijo él.

-Vera, please order a huge pizza and three sodas. We are starving to death. Well, at least I am starving...I don't know about you, but let's eat!-, he said.

-Ahora sí!, Cuéntenme todo lo que pasó!-, dijo el padre de Elizabeth mientras él se acomodaba en una silla al otro lado de la mesa.

-All right, now. Tell me what is everthing that happened!-, Elizabeth's father said while he sat up on a chair across from the table.

El señor era un hombre muy culto, tranquilo y una persona de mundo.

The man was a cultured man, calm, and well traveled.

Mundo: World.

Por esta razón, él quiso mantener una actitud casual.

For this reason, he decided to keep a casual demeanor.

Después de haber hablado y haber comido, Arturo se despidió de ellos y él bajó las escaleras.

After having spoken and having eaten, Arturo said good bye to them and he went downstairs.

Posteriormente, él abrió la puerta del carro y él **se sentó** en el asiento al mismo tiempo que él **se pasaba los dedos por el pelo** delante del espejo retrovisor.

Immediately after, he opened the car door and he sat on the seat at the same time that he was running his fingers through his hair in front of the rearview mirror.

Una vez que él estuvo **listo** para irse, él arrancó el carro y él manejó hasta salir del pueblo. Luego, él tomó la autopista y él manejó por algunos minutos.

Once he was ready to leave, he started the car and he drove until he left the town. Then, he took the highway and he drove for a few minutes.

Luego, él **se detuvo** a un lado de la carretera y él **sacó** el teléfono.

Afterwards, he stopped at the side of the road and he took out his phone.

-¡Aló! ¡Arturo! ¿Dónde **has** estado **tú**? ¿Por qué **no has** llamado?-,preguntó una voz de hombre.

-Hello! Arturo!, Where have you been? Why haven't you called?-, a male voice asked.

-¡Todo **salió bien**!-, dijo Arturo-. ¿Dónde está Daniel?

-Everything turned out well!-, Arturo said. Where is Daniel?

-Aquí está Daniel y el carro también está aquí-, contestó el hermano de Elizabeth.

-Daniel is here and the car is here, too-, Elizabeth's brother answered.

-Ya voy para allá-, dijo él. *I am on my way-, he said.*

Entrevista De Trabajo
Job Interview

Después de cuatro largos meses de esperar, finalmente, Santiago recibió una llamada telefónica para una entrevista de trabajo para el día siguiente: jueves a las nueve y media de la mañana.

After four long months of waiting, finally, Santiago received a phone call for a job interview for the following day, Thursday at nine thirty in the morning.

Santiago es un hombre joven de más o menos treinta años de edad, quién se graduado de la Universidad de San Rafael en el año 2001.

Santiago is a young man of about thirty years of age who graduated from the University of San Rafael in the year 2001.

Proveniente de una familia de clase media, él tuvo la oportunidad de asistir a un colegio privado donde aprendió varios idiomas: alemán, francés, inglés y portugués.

Coming from a middle class family, he had the opportunity to attend a private school where he learned several languages: German, French, English, and Portuguese.

Justo después de graduarse del colegio, Santiago ingresó a la universidad para seguir la carrera de Bellas Artes.

Soon after he graduated from high school, Santiago entered the university to pursue a career in Fine Arts.

En el pasado, el joven trabajó en una de las universidades del estado como profesor de dibujo y pintura.

In the past, the young man worked in one of the state universities as a Professor of Drawing and Painting.

Él estuvo allí por siete años hasta que el país comenzó a necesitar graduados en carreras técnicas y los estudiantes se matricularon en carreras "más prácticas".

74

He was there for seven years until the country began to requiere graduates in technical careers and the students registered in careers that were "more practical".

Fue en este preciso instante que Santiago recibió su carta de despido.

It was in this precise moment when Santiago received his dismissal letter.

Esta noticia fue un golpe para él ya que no solamente contaba con un salario fijo, sino que él contaba con ese dinero para el alquiler de su galería de arte donde exhibía todos sus cuadros.

The news was a blow for him since he not only was counting on a fixed salary, but he also was counting on the money for the rent of the art gallery where he exhibited all his paintings.

Los primeros días posteriores a su despido, Santiago se sintió deprimido, sin embargo, después de una semana, él pudo comprender que esto era una nueva etapa en su vida. Esto era una oportunidad para reinventarse y comenzar de nuevo.

The first few days following his dismissal, Santiago felt depressed; however, after a week, he was able to comprehend that this was a new stage in his life. This was an opportunity to reinvent himself and to start all over again.

Con la motivación y esperanza de encontrar un buen trabajo, él *envió* su currículo a diversas universidades de todo el país, al igual que a universidades de otros países.

With motivation and hope of finding a good job, he sent his résumé to several universities around the country, as well as to universities in other countries.

Cada día, mientras él esperaba alguna respuesta, él *se mantenía* ocupado haciendo diferentes cosas que a él le gustaba hacer en su tiempo libre.

Each day, while he was waiting for an answer, he would keep himself busy by doing different things that he liked to do in his free time.

Y de esta forma, pasaron los días llenos de esperanza, **sin embargo**, el dinero que él recibió de las prestaciones ya se estaba acabando.

And thus, the days went by filled with hope; nevertheless, the money he received from his compensation package was already running out.

"¿Qué pasa?", **se preguntaba**, sin poder entender por qué él aún no recibía respuesta alguna.

"What's wrong?", he wondered, without being able to understand why he did not receive any news yet.

Preguntarse: to wonder, to ask oneself. (Reflexive verb)

Pero, no fue hasta que una mañana mientras él **se preparaba** el desayuno que él recibió una llamada que lo llenó de esperanza y ansiedad.

But, it wasn't until one morning, while he was preparing himself breakfast, that he got a phone call that filled him with hope and anxiety.

Prepararse: to prepare oneself. (Reflexive verb)

-¡Aló!-, respondió él.

-Hello!-, he replied.

-Buenos Días, con el señor Santiago H..., por favor-, dijo una voz, hasta ese momento **desconocida** para él.

-Good Morning, with Mr. Santiago H..., please-, said a voice unknown to him until that moment.

-Con él habla-, contestó Santiago.

-Speaking-, Santiago answered.

-Gracias, don Santiago...mi nombre es Marcos J....de la Universidad de Las......en Guadalajara, Méjico-, dijo la voz-.

-Thank You, don Santiago. Mi name is Marcos J...from the University of Las...in Guadalajara, Mexico-, the voice said.

-Lo estoy llamando para informar**le** que usted tiene una cita con el director de la Facultad de Bellas Artes mañana a las 9 de la mañana-, dijo el joven al otro lado de la línea.

-I am calling you to inform you that you have an appointment with the dean of the Faculty of Fine Arts tomorrow morning at nine-, said the young man on the line.

-¡Sí! Muchas gracias, ahí estaré-, respondió Santiago-

-Yes, thank you...I will be there-, replied Santiago.

-Gracias a usted. ¡Qué tenga buen día!

-Thank you...Have a nice day!

-Usted también, gracias-

-Likewise. Thank you-

Santiago apenas pudo **comerse** algo ya que él estaba muy emocionado y nervioso. Aun así, él desayunó, él lavo los platos y luego él se sentó frente a la computadora.

Santiago was hardly able to eat something quickly since he was very excited and nervous at the same time. Still, he had breakfast, he washed the dishes, and afterwards he sat at his computer.

Cerca de la hora de almuerzo, él fue a la habitación y él **comenzó** a buscar la ropa que él iba a **ponerse** para la entrevista. Después él fue al cuarto de pilas para traer el aplanchador y la plancha.

Close to lunch time, he went to his room and he started to look for the clothes that he was going to put on for the interview. Then, he went to the laundry room to bring the ironing board and the iron.

Comenzar: to begin. (Stem-change verb: e-ie)

Una vez que él planchó la ropa, él la puso sobre una silla que estaba en una esquina de la habitación. Después, él **guardó** el aplanchador y la plancha.

Once he ironed the clothes, he put it on a chair that was on one corner of the room. Then, he put away the ironing board and the iron.

Santiago se sentía muy optimista acerca de la entrevista, y él decidió salir a caminar un rato para **despejar** la mente, por lo tanto, él tomó las llaves de su casa y salió.

Santiago was feeling quite optimistic about the interview, and he decided to go out for a walk for awhile to clear up his mind; therefore, he took the keys to his house and he went out.

Después de caminar por el barrio, él **regresó** a la casa y él se preparó algo de comer. Luego, él **se sentó** frente a la computadora y él buscó información para poder practicar preguntas comunes en una entrevista de trabajo.

After walking around the neighborhood, he returned home and he prepared himself something to eat. Then, he sat in front of his computer and he searched for information to be able to practice common interview questions.

Él pasó el resto del día leyendo acerca de preguntas dificiles y sugerencias para contestar**las**. Luego, él cenó y él **se fue** a dormir temprano con el propósito de **levantarse** temprano y tener suficiente tiempo para **alistarse** y no tener que **apurarse** en la mañana.

He spent the rest of the day reading about difficult questions and sugestions to answer them. Then, he had dinner and he went to sleep early in order to get up early and have enough time to get ready so that he didn't have to hurry up in the morning.

Recommended Links

Reverso.com (verb conjugator)

Linguee.com (Eng-Spa/Spa-Eng) dictionary.

Did you love *Spanish Reader for Beginners-Short Stories in Spanish*? Then you should read *Spanish Reader for Beginners-Elementary 1*[1] by Iris Acevedo A.!

2

Spanish Reader for Beginners-Elementary takes basic Spanish Grammar Structures and places them in scenarios where these structures are easy to understand.

Although this book is fully translated from Spanish to English, we encourage students to understand the nuances and uses of certain Grammatical Structures, as well as verbs, found throughout each and every paragraph, by providing examples and short exercises that trigger intuitive learning.

However, because this is a Basic Spanish Reader, I have provided literal Spanish to English translation of all paragraphs in order for the reader to comprehend sentence structure in Spanish thus acquiring greater understanding regarding the way we speak Spanish in Latin America; particulary, in Central America.

In the beginning, as you start out learning Spanish as a Foreign Language, the various uses of the verbs *Ser* and *Estar* may seem quite

---

1. https://books2read.com/u/bo6Wvp

2. https://books2read.com/u/bo6Wvp

challenging; nevertheless, through the unique teaching style of *CostaRica SpanishOnline Language School*, the learner is able to comprehend these structures in a way that he or she feels it is their own ability to learn a Foreign Language that is performing the task.

We highly suggest, at the beginner level of course, starting out with the series of three books; Spanish Reader for Beginners-Elementary, previous to purchasing Spanish Reader for Beginners, the first book of the series; Spanish Reader for Beginner, Intermediate, and Advanced Students.

I hope you find these short paragraphs, examples and exercises as helpful as they are intended to be.

Iris Acevedo A.

Author/Founder

I

Read more at costaricaspanishonline.com.

About the Author

Iris Acevedo A. was born in Costa Rica in 1959. She lived and grew up in Ohio, Oklahoma and Kansas, returning to Costa Rica in 1976. Iris is the founder of CostaRica SpanishOnline, the first online Spanish school in Costa Rica to provide independent learners with live One-On-One Spanish Immersion Courses via Skype. In 2018, we have branched out and are now offering English Conversation Skills courses to Latina American learners residing in Costa Rica and abroad. During her over 30 years' experience teaching Spanish as a Foreign Language to learners from all over the world who have visited Costa Rica in order to learn Spanish, she took a keen interest in independent learners: an emerging group of students who have studied English and Spanish on their own, and somewhere along the process seek a Spanish language teacher to guide them. This is her field of expertise.

Read more at https://costaricaspanishonline.com.

Printed in the USA
CPSIA information can be obtained
at www.ICGtesting.com
LVHW021052181123
764321LV00011B/333